DAS HABE ICH MIR ANDERS VORGESTELLT

Bibliografische Information der Deutschen Nationalbibliothek

Die Deutsche Nationalbibliothek verzeichnet diese Publikation in der
Deutschen Nationalbibliografie; detaillierte bibliografische Daten sind
im Internet über http://dnb.dnb.de abrufbar.

3. Auflage
© 2023 Jung und Jung, Salzburg
Alle Rechte, einschließlich der Vervielfältigung, Veröffentlichung,
Bearbeitung und Übersetzung, bleiben vorbehalten
Josef Matthias Aigner: Franz Grillparzer, 1845
Umschlaggestaltung: BoutiqueBrutal.com
Druck und Bindung: GGP Media GmbH, Pößneck
ISBN 978-3-99027-284-8

FRANZ GRILLPARZER

Das habe ich mir anders vorgestellt

Tagebuch auf der
Reise nach Griechenland

27. August 1843. Abreise mit dem Dampfschiffe um vier Uhr nachmittags. Die Fröhlichs kamen ans Ufer hinaus. Katty weinte sehr und war ganz außer sich über die gefahrvolle Reise. Ich suchte ihr zu beweisen, wie widersinnig diese Furcht sei, indes ich mir heimlich gestand, daß meine Reise noch viel widersinniger sei als diese Furcht. Mein vorausgesetzter Reisegefährte hat mich nämlich ohne Zweifel angesetzt. Indes er mir schrieb, mich bis 10. September in Konstantinopel zu erwarten, erhalte ich nun keine Nachricht von ihm, indes einige sagen, er werde erst bis Ende November von Trapezunt in den Bosporus zurückkehren; andere, er sei bestimmt, in Semlin an der Seite des Kommandierenden zu amtieren; beim Einschiffen endlich sagte mir der gute jüngere Schlechta, man erwarte ihn alle Tage in Wien zurück. Klar also ist, ich muß auf seine Begleitung Verzicht leisten, und die lange beschwerliche Reise in meinem vorgerückten Alter mit meiner gebrechlichen Gesundheit so ganz allein, so als Student zu machen, grenzt wirklich an den Unsinn. Indes hatte ich sie beschlossen, und da meine hypochondrische Un-

entschlossenheit eben eines der Hauptübel ist, zu deren Heilung ich das Gewaltmittel anzuwenden beschloß, so konnte ich doch mir selbst gegenüber den gefaßten und durch alle Vorbereitungen durchgeführten Plan unmöglich aufgeben, und die Abreise erfolgte.

Meine Laune ist schwer zu beschreiben. Mir war zumut wie einem, der zuerst nicht aufs Wasser, sondern ins Wasser geht. Aber gerade darum sollte ausgehalten werden. Der gute Schlechta, der entfernteste meiner Bekannten, war eigens an den Abfahrtsplatz gekommen, um mich dem Kapitän, den er kennt, zu empfehlen. Sonst von Freunden oder Teilnehmenden keine Spur. Die Fröhlichs, versteht sich, ausgenommen. Die Wasserfahrt langweilig. Erst zwischen Petronell und Haimburg wird die Gegend angenehm. Letzteres liegt wunderschön. Ebenso Presburg, wo wir um halb sieben Uhr anlangten. Des Landtages wegen in den Wirtshäusern nirgends Platz. Muß mich endlich entschließen, im »Roten Ochsen« mit einer Art Gaststube vorlieb zu nehmen, in der man in aller Eile eine Art Bette, nicht länger als einer meiner Arme, aufschlägt. Unendlich verstimmt. Konnte mich durchaus nicht besinnen, was denn eigentlich mein Zweck bei dieser

Reise sei. Ging ein wenig durch die Stadt, traf den Kapitän des Dampfschiffes, mit dem ich auf dem öffentlichen Spaziergange herumschlenderte. Endlich müde nach Hause. Traf an der Wirtstafel ein paar Offiziere, die mich kannten, aber ich sie nicht. Schwatzten ganz angenehm. Frühzeitig zu Bette in meiner Gaststube. Als ich erwachte, schlug die Uhr zwei Viertel. Eine Weile darauf rief der Nachtwächter die Stunde aus. Es war zwei Uhr nach Mitternacht. Das Bett war zu kurz und die Decke so schwer, daß ich wie ein Verdammter schwitzte. Gegen Morgen schlief ich doch noch auf ein Stündchen ein und war um fünf Uhr schon auf den Beinen. Bekomme endlich doch das Zimmer eines um sechs Uhr Abgereisten und sitze nun hier etwas getröstet und der Dinge harrend, die da kommen werden.

Ich will heute einer Landtagssitzung beiwohnen, was der eigentliche Grund ist, warum ich in diesem Neste nur eine Minute über die Notwendigkeit auszuhalten mich veranlaßt finde. Deus providebit.

28. War in der Sitzung. Der Saal ist bloß geweißt, die Draperien, mit Ausnahme der Damengalerie, ärmlich. Das Präsidium sitzt statt im Fond des Saales auf der linken Seite desselben, durch eine Schranke gesondert. Die Mitte ist, durchaus eben, mit Bänken angefüllt, wo die Deputierten, in zwei Hälften geteilt, sich mit den Gesichtern zugekehrt, einander gegenübersitzen. Dagegen sehen die Abgeordneten selbst gescheit und distinguiert aus. Man sprach ohne Stottern, wobei die meisten jedoch einen geschriebenen Entwurf in der Hand hielten. Der Ton war gesteigert, aber anständig. Längere Reden kamen nicht vor. Es galt die alleinseligmachende Kraft der ungarischen Sprache. Später sollte der Kriminalkodex an die Reihe kommen. Ich ging jedoch um elf Uhr, wegen Unkunde der Sprache und daher des Gesprochenen ermüdet. Im Jahre 1836 hatte ich in Stuttgart einer württembergischen Kammer beigewohnt; sie stand, was die Form betrifft, sehr im Nachteil gegen diese ungarische. Hier sprach jedermann besser als dort unser mit Recht gepriesener Dichter Uhland.

Darauf durch die Stadt geschlendert. Sie ist doch hübscher und städtischer, als es im ersten Augenblicke scheint. Unter den Frauenzimmern mitunter auffallend hübsche. In die St. Martins-

Domkirche eingetreten, die von außen recht gut aussieht, inwendig aber nicht viel bedeuten will. Das Abbild des Heiligen auf dem Hochaltar, er scheint aus Erz gegossen und kam meinem schlechten Auge aus der Ferne nicht übel vor. Irre ich nicht, so ist er in ungarischer, halb moderner Kleidung, was sonderbar genug wäre.

Für Nachmittag hatte ich mit einem Beamten der ungarischen Hofkanzlei, den ich in der Ständesitzung fand, Verabredung zu einem Spaziergang genommen. Wir verfehlten uns übrigens, und so stieg ich denn allein eine Anhöhe hinauf, die, wie es sich fand, der Schloßberg war. Die Aussicht von der Ruine herab ist wunderschön. Es war übrigens unleidlich heiß, und so legte ich mich im Schatten der Mauern nieder und dachte – nicht viel. Von da auf einem für die Ziegen gebahnten Weg über den berüchtigten Zuckmantel zur Schiffbrücke. An einladenden Gestalten und Mienen fehlt es da nicht. Im allgemeinen ist der Weiberschlag, das Blut in Wien vielleicht hübscher; auffallend schöne Züge aber, deucht mich, gibt es hier mehr. Über die Schiffbrücke in die sogenannte Aue. Ein entzückend schöner Spazierort. Ich erinnere mich kaum, in der Nähe irgendeiner Stadt dergleichen gesehen zu haben. Auffallend die allgemeine

Eleganz. Vielleicht nur während des Landtages. Abends aus Müdigkeit in die Arena, um sitzen zu können. Das Theater war, als ob es Tieck angegeben hätte, die immer sich gleichbleibende Dekoration, der Wald nämlich; daß bei Tage gespielt wurde, wenn die Schauspieler auch, wegen supponierten Dunkels, sich wechselseitig nicht erkannten. Leider nur wurden die Frauenzimmerrollen nicht von Männern gespielt, sonst hätte man sich in Shakespeares Zeiten versetzt geglaubt. Ich kann aber nicht sagen, daß die Vorstellung durch diese romantisch-klassische Einrichtung gewonnen hätte. Gespielt wurde übrigens ganz gut. Besonders war der Komiker vorzüglich zu nennen. Der männliche Teil des Publikums rauchte beinahe durchgehends. Übrigens gefällt mir Presburg. Selbst in Wien wird die Gefälligkeit gegen wegunkundige Fremde nicht weiter getrieben.

29. Der heutige Tag so ziemlich verloren. Warum, mag ich nicht beschreiben, da Gutmütigkeit und Gefälligkeit immer dankenswert ist, wenn sie sich auch in der Ausführung vergreifen. Noch einmal in der Landtagssitzung gewesen, die noch weniger Interesse darbot als das erste Mal. Was die Un-

garn wollen, wäre kaum zu tadeln, wenn sie ein Volk von dreißig Millionen ausmachten; unter den wirklichen Verhältnissen ist der größte Teil ihrer Anstrebungen lächerlich. Haydns »Schöpfung« als Quartett arrangiert. Nachmittags in der Aue und abends in der Arena. Randhartinger aus Wien angetroffen.

30. Abreise von Presburg um acht Uhr morgens. Eine schöne Ungarin, die mit mir zugleich von Wien gekommen, wieder an Bord, diesmal aber gut gekleidet und sehr zurückgezogen. Zwei Komtessen, von denen die jüngere bildhübsch, aber mit häßlich plumpen Füßen. Anfangs taten sie höchst zimperlich und vornehm, nach Tisch aber lümmelten sie auf allen Bänken herum. Ein Engländer, der in Fiume etabliert ist und gut deutsch spricht, sonst auch ein angenehmer und gescheiter Mensch. Ein einäugiger Berliner, wohl gar Jude, ohne jedoch die doppelte Berechtigung, unangenehm zu sein, zu benützen.

Die Ufer außer Presburg zwischen den beiden Inseln Schütt höchst einförmig und langweilig. Die Festung Komorn ist wohl fester, als sie aussieht. Hier hört die Insel Schütt auf. Das Dorf Nesmühl liegt schon recht hübsch. Nun wird's immer besser. Gran mit seinem im Bau begriffenen Riesendom, dessen Lage ich mir übrigens imposanter gedacht habe. Der Hügel, auf dem er liegt, ist nicht hoch, und das Ganze wird etwas Gartenterrassenartiges bekommen. Daß der ursprüngliche Plan durch neue Zutaten, in den Säulen nämlich, verpfuscht worden ist, habe ich schon an dem Modell in Presburg gesehen. Bald darauf scheint die Donau das Ziel ihres Laufes erreicht zu haben, aber mit einer gewaltsamen Wendung nach links bricht sie sich den Weg durch die Berge. Die Gegend bezaubernd. Wissegrad, Waitzen. Man begreift die hochstrebenden Ideen der Ungarn, wenn man ihr Land sieht. Ich habe mich ein wenig mit ihren Superlativen ausgesöhnt. Die Sonne geht unter und entzündet Wasser und Luft. Der junge Mond macht sich geltend. Der Berliner fand den Eindruck poetisch, und er hatte recht. Es lag ein unbeschreiblicher Zauber über der Gegend. Nach und nach wird es düster, endlich dunkel. Man muß zu den Mänteln seine Zuflucht nehmen. Es ist schon Nacht, als Reihen von Lichtern zu beiden Seiten des Flusses die Schwesterstädte Pesth und Ofen ankündigen. In der Nacht, wo alle Kühe schwarz sind, hat der Eindruck etwas Ähnliches mit der Reede von Neapel. Böllerschüsse, Ankunft. Der jüngere Sztankovics erwartet mich am Landungsplatze und führt mich ins Gasthaus zur Königin von England, wo meine zwei Reisegefährten schon Platz gefunden hatten.

NB. Der Kapitän, ein prächtiger Venezianer, der aussah wie ein Lämmergeier mit einem Kinnbarte, hatte sich auf der Reise zu mir gesetzt und mich mit vieler Achtung als einen musikalischen Kompositeur angeredet. Auch die schöne Gräfin schien einige Ahnung von meinen durch das Gesicht nicht wahrnehmbaren Eigenschaften zu haben.

31. Gut geschlafen, aber mit einer unangenehmen Empfindung im Magen aufgewacht mit Hinneigung zum Durchfall. Ich habe die letzten Tage sehr mäßig gelebt, aber die ungeheure Hitze und der ungewohnte ungarische Wein mögen Schuld tragen. Mit Sztankovics Pesth besehen. Eine plattierte Stadt. Gegen die Donau zu in die Augen fallende Häuserfronten, die den alten Winkelkram maskieren. Herrlich dagegen der Anblick von Ofen. Man muß übrigens beide noch näher betrachten. Die ganze Gentry muß übrigens während des Landta-

ges in Presburg sein, denn in den Straßen trieb sich nur Gesindel herum. Keine Equipagen, wenig Fiaker. Die Unpäßlichkeit nimmt zu. Trockne Zunge. Durchfall. Setze mich ins Theater, um zu sitzen. Das Haus sehr groß und die Bühne ungeheuer. Der Schauplatz höhlen- und laubenartig zerklüftet, auch mit einer trüben Farbe bepinselt, was einen fatalen Eindruck macht und den Raum scheinbar verkleinert. Gespielt wie in Hietzing oder Baden. Der Direktor Frank ist abgetreten. Wer nicht hören will, muß fühlen. Mich dauert er.

1. September. Finde mich gar nicht wohl. Schlecht geschlafen. Übermäßiger Schweiß mit Frösteln dazwischen. Abweichen. Aber kein Fieber im Puls. Will heute das kalte Bad versuchen, das mir in ähnlichen Fällen schon gute Dienste geleistet. Wenn es nicht viel schlimmer wird, reise ich übermorgen doch weiter. Bis Semlin kann ich überall im Notfall zurückbleiben und krank sein nach Herzenslust. Weiter hinaus wäre es freilich nicht mehr tunlich.

War in der Schwimmschule. Die große Donau wider Leibschmerz und Durchfall ist ein etwas heroisches Mittel, aber ich kenne meine Natur.

14

War im Ofner Museum; einen Literator Franken-
stein kennengelernt. Akzeptabler Mann. Mit ihm
bei Sztankovics gegessen, oder ich vielmehr ge-
fastet. Trank doch ein paar Gläser starken Wein
für den Fall, daß das bekannt schlechte Wasser
von Pesth etwa an meinem Übel teilhätte. Die
Frau vom Hause charmantes Weib, hübsch, verständig, eine Wienerin, die schon recht artig un-
garisch plappert. Auch der Mann gewinnt bei näherer Bekanntschaft. Nach Tisch der Probe einer
ungarischen Dilettantengesellschaft beigewohnt.
Alle gut gespielt. Die Sprache im Munde der Weiber häßlich. Bei Männern klingt sie besser, aber
grimmig. Die hübsche Auguste Takatsch in ihrer
Familie besucht. Noch immer hübsch wie sonst,
ihre minder schöne Schwester dürfte ihr aber beinahe vorzuziehen sein. Abends nach Pesth zurück. Im Theater die »Zauberflöte«. Ziemlich
schlechte Vorstellung. Die Podhorsky als Pamina
kalt, sonst gut. Die schlechteste die erste der drei
Damen. Alle Tempi zu schnell. Auch dieses Werk
kann durch die Aufführung langweilig werden.
Neben dem Engländer zu sitzen gekommen, der
die Fahrt von Presburg mit mir gemacht. Scheint
ein guter und ist ein gescheiter Mensch. Hat die
beste Meinung von Ungarn; ich kaum.

2. September. Wenig geschlafen, vielleicht nur, weil ich durch zwei ungarische Geistliche im Zimmer nebenan gestört wurde, die schon um drei Uhr morgens zu speien anfingen. Mein Durchfall hat nachgelassen. Das kalte Bad scheint vorteilhaft gewirkt zu haben. Aber sehr aufgeregt. Der Puls stark, jedoch ohne Fieber, denk ich. Muß heute bei Takatsch essen, was mir unangenehm ist. Schon gestern setzte ich die Hausfrau durch meine Diät in Verzweiflung.

Ein paar Dinge besehen. Museum, Akademie, was weiß ich? Fühle mich recht krank. Mittags bei Takatsch. Die Mädchen recht angenehm. Der Vater jovial. Wenig gegessen, aber im Mißmut ein paar Gläser starken Wein hinabgegossen. Abschied, ans Gerührte streifend. Nach Hause, gepackt, geärgert. Im Wirtshause die schlechteste Bedienung, die mir je vorgekommen. Mein englischer Reisegefährte, Mister Smith, sucht mich auf, um mir die Arbeiten an der neuen Donaubrücke zu zeigen. Erstaunenswürdig, kolossal. Verstehe nichts davon. Gegen acht Uhr ins ungarische Theater, das ich noch nicht gesehen. Gaben den »Barbier von Sevilla«. Der erste Akt war eben zu Ende. Die Vorstellung schlecht zu nennen wäre niedrige Schmeichelei. Sie war unter aller Vorstellung.

Pantaleoni sang den Almaviva italienisch und ließ alle Rezitative, hingesprochene Prosa, aus. Eine Mamsell Eder, vielleicht die von Wien, Rosina. Bei ihr allein kann man den Positiv »schlecht« brauchen. Die andern, Pantaleoni eingerechnet, gehören schon in die Vergleichungsstaffel. Abends noch im Wirtshause geärgert. Früh zu Bette.

3. September. Um halb zwei Uhr nach Mitternacht aufgewacht. Schweiß. Heftiger Puls, aber der Durchfall, der gestern nachmittags heftig geworden war, meldet sich nicht. Sonst recht üble Empfindung. Denke schon an die Möglichkeit, auf dieser Reise zu sterben. Non curat Hyppoclides. Um halb fünf Uhr zum Dampfschiffe, noch vorher von dem ganzen Hause angebettelt und geplündert. Sitze jetzt am Bord und schreibe. Kälte, starker Wind. Der Durchfall ist noch nicht gekommen.

Die Gegend um nichts schöner als zwischen Presburg und Pesth. Ein paar Holländer und ebensoviel Engländer, die die Reise bis Konstantinopel machen wollen, zeigen sich als recht artige Leute. Földvár, Tolna, Baja, Anhaltungsstationen, präsentieren sich recht gut. Meine Gesundheit scheint besser zu werden. Mittagsessen in der Kajüte, wegen des stürmischen Windes. Überhaupt wenig Genuß. Gegen Abend Mohacs, wo man sonst zu übernachten pflegt, heute aber, des Mondscheines wegen, vorüberfährt. Überall die ganze Population am Landungsplatze. Abends bietet mir der wackere Kapitän Ferro eine leer gewordene Kabine an, und ich schlafe die erste Nacht gut seit Beginn meiner Reise. Da die Kabine gerade der Maschine gegenüberliegt, glaubte ich anfangs über dem Gepolter nicht einschlafen zu können, es ging aber dennoch, und gegen Morgen wachte ich vielmehr gerade darum auf, weil es ruhig wurde, da nach Untergang des Mondes das Schiff anhielt.

4. September. Gegen fünf Uhr neues Gebrause. Das Schiff setzt sich in Bewegung. Ehe ich noch aufs Verdeck kam, war Erdöd bereits passiert. (Über Nacht waren wir bei Apatin stille gelegen.) Ein Graf Seczen mit seiner liebenswürdigen Gemahlin. Beide sprechen recht gut. Die Gesellschaft wird immer kleiner. Der Kapitän und der ältere Holländer sowie der jüngere der beiden Engländer vortreffliche Leute. Ich selbst kann über dem Gestampfe und Gebrause nicht viel Vernünftiges denken. Um so besser vielleicht. Diät ist nicht bloß

dem Körper vorteilhaft. Die Gegend wird wieder unbedeutend. Nicht übel bei Illok usw. Schön gelegen Peterwardein, besonders von ferne nimmt sich die Festung gut aus. Karlowitz schön. Von da an aber bis Semlin beide Ufer niederträchtig.

Die Gegend steckt die Gesellschaft an, man langweilt sich. Eine hübsche Frau aus Neusatz war noch das letzte gewesen, auch sie hat sich entfernt. Zwei Minister des abgesetzten Michael Milosch sind zu Peterwardein an Bord gekommen. Der eine, ganz europäisch gekleidet, saß bei Tische neben mir. Er gefiel mir ausnehmend, so verständig und mild waren seine Äußerungen. NB: Ich wußte damals noch nicht, wer er war. Das Wetter, das vormittags leidlich gewesen war, wird gegen Abend stürmisch und kalt.

Endlich zeigen sich Berge im Hintergrunde. Belgrad wird sichtbar auf einem sanft verlaufenden Hügel. Macht ganz den Eindruck einer Festung. Semlin scheint ein armseliges Nest. Konnte es nicht besehen, da ich den Kommandierenden General Ungerhofer aufsuchen mußte, um Nachrichten von meinem Reisegefährten einzuziehen. Auch hier weiß man nichts Bestimmtes von ihm. Was man weiß, reicht hin, meine Hoffnung auf seine Begleitung zu zerstören. Der Kapitän beschließt, die Nacht durchzufahren. Kann daher Belgrad nicht besehen, wie meine Absicht war. Eine Kajüte wird mir auch heute eingeräumt.

5. September. Morgens waren wir schon über Semendria hinaus, und die schöne Gegend, die dort sein soll, ging verloren. Baron Forgatsch, der bekannte Regulierer der Donau, war abends auf unser Schiff gekommen. Er gibt sich heute zu erkennen und zeigt seine Pläne, von denen ich nichts verstehe. Ich bin überhaupt ganz dumm von dem ewigen Gestampf und Gepolter. Schon bei der Nacht hatte es heftig geregnet. Es setzt jetzt mit Unterbrechungen fort und ist überhaupt kalt und unfreundlich. Wenigstens gibt es jetzt Berge an den Ufern, und man ist der langweiligen Aussicht los.

Ungefähr um elf Uhr vormittags kamen wir nach Trenkowa und nahmen dort Abschied von Samson. Mit kalter Küche und Wein versehen. Da die Fahrt über die ersten Wirbeln der Donau sieben Stunden dauern sollte, begaben wir uns auf ein Ruderschiff, mit Walachen bemannt. Ich war übel gelaunt, besonders weil ich das Benehmen des ältern der beiden Engländer für Hochmut genommen hatte, da es doch, wie ich später mich überzeugte, nur Dummheit und Unbehilflichkeit ist. Die Wirbel der Donau sind bei hohem Wasser, wie jetzt, völlig unbedeutend. Dafür war das Wetter elend. Regen, Wind, Kälte. Die äußerst schöne Gegend konnte für so viele Unbequemlichkeiten nicht entschädigen. Abends in Alt-Orsova. Besseres Wirtshaus, als zu erwarten war. Meine Mißstimmung dauert fort. (Veteranische Höhle.)

6. September. Da die Abfahrt erst um drei Uhr nachmittags stattfindet, beschlossen wir, Mehadia zu besehen. Um sieben Uhr morgens abgefahren. Die Gegend schön, übrigens nicht schöner, als man vieles schon gesehen. Mehadia hübsch, ja elegant. Räuberhöhle. Die Gegend scheint weiter ins Tal immer schöner zu werden, wir mußten aber zurück.

Mittagsessen. Um drei Uhr Abfahrt auf einem Ruderboote durch das Eiserne Tor. Die Wirbel kaum stärker als auf der ersten Strecke. Ankunft in Klado Solowa. Besteigen die »Argo«. Sogleich Abfahrt.

7. September. Morgens um fünf Uhr Ankunft in Widdin. Wir steigen aus. Ein paar recht gebildete mazedonische Griechen, die in Orsova zu uns gestoßen, führen den ältern Holländer und mich in die Stadt. Ein elenderes Nest kennt die Erde nicht. Basar, sozusagen. Straße der Fleischer. Furchtbares Pflaster. Steigen in den äußern Gang der Moschee empor. Der Tempel ganz leer. Eine Art Hühnertreppe führt zu einer Art Kanzel hinan. Die Fenster mit farbigen Gläsern. Ungeheure Lampen und Kronleuchter. In einem Winkel am Boden kauert der Priester und singt in einem klagenden Tone Gebete herab. Die Griechen führen uns beim griechischen Erzbischof ein. Einer der schönsten Männer, die ich je gesehen, bei oder über sechzig Jahre, weiße Haare und Bart, die Hände noch weißer, wenn möglich. Wir sagen uns Komplimente, die die Mazedonier verdolmetschen. Man bringt Pfeifen, eingemachte Früchte und Kaffee. Die Abfahrt des Schiffes nötigt zum Abschied. Das Dampfboot hat sich indes mit Türken, Bulgaren, Juden und Jüdinnen samt Familie gefüllt, so daß wir einer türkischen Kolonie gleichen. Die Kinder amüsieren sich auf kleinen Nürnberger Trompeten. Die ganze Gesellschaft frühstückt mit Weintrauben, Melonen, stinken-

dem, mit Ochsenschmalz, vulgo Unschlitt, berei-
tetem Brot, wozu sie Wasser trinken, so daß sich
einem vom Ansehn der Magen umwendet. Ein rei-
cher Kaufmann, der einen Bedienten zur Begleitung hat, ausgerüstet wie ein Zeughaus. Kaffee
um acht Uhr, Gabelfrühstück um neun Uhr, so
daß wir eigentlich viel ekelhafter uns gehabten
als die Türken. Doch die Not zwingt zu essen auch
ohne Hunger, denn das Mittagmahl soll erst um
vier Uhr stattfinden. Angenehmer Reisetag, das
Wetter, den Wind abgerechnet, besser als an den
vorigen Tagen. Die ab und zu kommenden Türken,
halb Pracht und halb Lumpen, bringen Abwechs-
lung in die Szene. Der bosnische Kaufmann, ein
goldgesticktes Schnupftuch vor sich und Löcher in
den Strümpfen. Die Donauufer so abgeschmackt
wie immer, mit kurzen Unterbrechungen durch
leidliche Gegenden. Meine Homerlektüre kommt
ins Stocken, da ich in der Betäubung manche Stelle nicht ganz verstehe. Nikopolis. Nachts liegen
wir in Sistow still. Hatte Tee getrunken, konnte
nicht einschlafen. Verdächtiges Gekrabbel über
den Körper. Der alte Engländer, begleitet von dem
ältern Holländer, schnarcht. Der junge Engländer
kramt bis Mitternacht herum. Die walachischen
Schildwachen von Sistow her rufen sich unaufhör-

lich an. Das Kalb, das unser morgendes Mittagmahl bilden soll, blökt auf dem Verdecke. Jeden Augenblick Störung durch einen Aufstehenden, der über die Lagerstätten hinwegsteigt. Endlich doch mit Unterbrechung geschlafen. Gegen vier Uhr das letzte Mal erwacht. Die beiden mazedonischen Griechen nehmen Abschied. Das Schiff setzt sich in Bewegung.

8. September. In Rustschuk findet sich endlich mein Reisegefährte ein. Besehe mit ihm die Stadt. Dieses Reich ist verloren. Der Untergang steht nicht bevor, er ist schon da. Ich wollte, unsere Staatsmänner reisten nur bis hierher, um die Nichtigkeit ihrer Hoffnungen der Wiederherstellung einzusehen. Achthundert Kanonen in der Festung mit verfaulten Lafetten ohne Bewachung, ohne Bedienung. Die Straßenbuben spielen mit den Kanonenkugeln und Bomben. Die Häuser Trümmer von Ruinen. Es ist aus, da hilft kein Gott. Silistria, die einst so starke Festung, in noch schlechterm Zustand. Nachts in Czernawoda angekommen. Der furchtbare Lärm auf dem Schiffe hört darum nicht auf. Der Kapitän besitzt die Kunst, immer etwas Störendes zu erfinden. Die

Wanzen kommen ihm zu Hilfe. Gegen halb zwei Uhr hört das Gelärm auf und fängt vor Tage wieder an.

9. September. Liegen in der abgeschmacktesten Gegend. Anfang des römischen Kanals nach Küstentsche. Müssen hier den ganzen Tag aushalten, bis die Wagen zur Landfahrt anlangen. Also noch eine Nacht in dieser Wanzenhöhle. Die jungen Leute wollen auf die Jagd gehen, und ich werde sie begleiten, um die Zeit hinzubringen, denn Gewehre sind nur zwei vorhanden. Das Wetter beginnt sich zu trüben.

Die Jagd so unglücklich als möglich. Schoß nur einmal, auf einen Pelikan, der zu hoch war und den ich daher fehlte. Die Hunde schlecht, die Rebhühner halten nicht aus. Verlieren uns endlich, und kehre mit dem älteren Holländer allein nach dem Schiff zurück. Überall Wüste, nichts als Wüste. Schlafe in der Kajüte des Majors, wo wenigstens die Wanzen minder häufig sind und die ungeheuern Mücken, die stechen wie Moskitos, ausgeschlossen werden.

10. September. Morgens um sieben Uhr zu Wagen weiter. Nirgends ein Dorf, höchstens Kirchhöfe als Überbleibsel von frühem. So fort durch zwanzig deutsche Meilen. Die Pferde, wo es möglich, in Galopp, ja in Karriere. Eine Reihe von Seen rechts am Wege, mit Wassergeflügel übersät. Nie in meinem Leben sah ich mehr Rebhühner beisammen. Geier, Habichte, auf alten Grabhügeln sitzend. Mitte Weges beim sogenannten Kaffeehause Streit mit einem Türken, dem sein Wagen erster Klasse zu schlecht ist, obschon er nur für die dritte Klasse bezahlt. In der Nähe von Küstentsche Anblick auf das Schwarze Meer. Sieht aus wie ein dunkelblauer Hügel. Ostwind. Droht eine schlechte Überfahrt. Ankunft in Küstentsche. Zerstört wie alles Türkische. Kollation mit Seefischen, die wohltut, da wir seit fünf Uhr nichts genossen – und da nur eine Schale Kaffee. Wollen das Weitere erwarten.

Wir waren mit dem Kommissär der Dampfschiffgesellschaft vorausgefahren. Die übrige Gesellschaft kommt nach einer Stunde nach. Gehen an das Meer hinaus. Erfrischender Seegeruch. Ziehen uns aus, zu baden. Der junge Engländer schwimmt zum Dampfschiff auf die Reede hinaus. Ich begnüge mich, meine Übungen näher dem Ufer anzustellen. Unangenehmer Geschmack des

Seewassers. Das Wasser ist kälter, als ich vorausgesetzt. Die warme Suppe und der Tenedoswein eines guten Mittagmahles machen erst die Wohltat des Seebades fühlbar. Machen einen Spaziergang, von einem Minoritenmissionär, einem Deutschen aus Koblenz, der von Czernawoda mit uns gekommen, begleitet. Um acht Uhr zum Dampfschiff, das klein, aber zur Nachtruhe gut ausgerüstet ist. Spielen bis elf Uhr Whist. Um Mitternacht setzt sich das Schiff in Bewegung. Schlafe glücklicherweise ein.

11. September. Morgens um vier Uhr erwacht. Die gefürchtete Nacht ist vorüber. Das schönste Wetter. Die See ist ruhig, trotz der entgegengesetzten Vorhersagen. Ringsherum nirgends Land sichtbar. Springende Delphine umgeben das Schiff.

Der Tag ging in Glanz und Annehmlichkeit vorüber. Als wir aber vom Mittagsessen, das, fettig und halb orientalisch zubereitet, meinem Magen nicht behagen wollte, aufstanden und aufs Verdeck hinausgingen, hatte schon der dem Lauf des Schiffes entgegengesetzte Wind sich verstärkt und die Bewegungen wurden unangenehm. Je mehr wir uns den Strömungen des Bosporus näherten, um so mehr vermehrte sich dies, und als wir abends mit einer Partie Whist die Zeit töten wollten, wurde mir wenigstens das Schwanken schon so unangenehm, daß ich, um der heißen Kajüte zu entgehen und in freier Luft jedem Übel besser gewachsen zu sein, aufs Verdeck hinausging und mich dort niedersetzte, das Weitere erwartend. Der Wind blies scharf. Das Schiff wankte, rollte und kollerte, von meinem Magen peristaltisch beantwortet, und bald war mir herzlich übel, jedoch ohne Neigung zu erbrechen. Ich suchte auf alle Weise durch Gedanken der Lage Meister zu werden, und es gelang auch für eine kurze Zeit, die Natur behielt aber die Oberhand, und die Anstrengung der Selbstüberwindung verschlimmerte vielleicht meinen Zustand. Ermüdet nickte ich ein, erwachte, fühlte das Übel im Magen vermehrt, lehnte mich wieder zurück und so fort. Nachdem das ein paar Stunden gedauert hatte, überkam mich auf einmal ein sonderbares Gefühl. Eine angenehme, fast wollüstige Empfindung bemächtigte sich meiner, in der mir jede noch so gewaltsame Bewegung des Schiffes höchst wünschenswert schien, nur der Magen blieb gleich schlecht wie früher. Da dachte ich, es sei Zeit, den Schlaf in der Kajüte zu versuchen. Ich taumelte hinab und legte mich zu Bette. Das Rollen war hier minder, aber meine Übelkeit dieselbe. Endlich schlief ich doch ein und schlief fort, wohl nur, weil, wie ich später hörte, der Kapitän sich am Eingang des Bosporus vor Anker legte, weil man vor Tagesanbruch in denselben nicht einfahren darf. Während der Zeit mochte wohl die Bewegung des Schiffes geringer sein. Lange vor Tag erwachte ich, leidend, krank. Man rief uns nämlich in die Kajüte hinab, die Leuchttürme seien im Gesicht. Stieg aufs Verdeck, wo man kaum noch die Gegenstände unterscheiden konnte. Endlich wurde es lichter und lichter, die Sonne ging auf und beleuchtete die europäische Küste.

12. September. Was man von der Schönheit des Bosporus gesagt hat, ist, mit Einschluß der Übertreibung, buchstäblich wahr, denn die Übertreibung ist der Erhebung natürlich. Anfangs trat mein Übelbefinden störend entgegen, bald aber wurde der Eindruck so mächtig, und ich gab mich völlig hin. Man hat die Lage von Konstantinopel der von Neapel vorgezogen, vielleicht mit Unrecht, was die Schönheit betrifft; sie ist aber ausgedehnter, kolossaler und dadurch mächtiger. Beinahe durch vier Stunden Weges folgen sich, anfangs

bloß auf der europäischen, dann aber auch an der asiatischen Küste, Befestigungen, Schlösser, Dörfer, Paläste in ununterbrochener reizender Fortsetzung. Die Welt hat vielleicht nichts, was sich damit als Ganzes vergleichen läßt. Einzeln betrachtet dürften bloß die Festungen die Probe aushalten. Die Paläste der Türken sind nur aneinandergeschobene Lusthäuser. Ihre Lebensart zeigt auch im Luxus, daß sie aus der Genügsamkeit hervorgegangen ist. Dazu noch alle diese Gebäude – von Holz. Ich gestehe, daß die Aufklärung über diesen letzten Punkt mir die Hälfte des Genusses genommen hat. In der Ferne jedoch, und ehe man derlei weiß, nimmt sich alles herrlich aus. So geht es denn fort. Ununterbrochene Festungen und Batterien zu beiden Seiten. Das reizende Bujukdere, Therapia, das europäische und asiatische Schloß. Leanders Turm, jetzt, denk ich, ein Spital. Darüber hinaus die Spitze des Serails mit seinen Mauern, die spanischen Wänden gleichen. Von hinten hervorblickend die Kuppel der Sankta Sophia. Rechts Galata mit der Einfahrt in den Hafen. Links Skutari an der Küste von Asien. Das Schiff hält und ist bald von Kaiken und Lohnbedienten umgeben. Wir wählen einen der letztern und vertrauen uns einem der erstern und stoßen vom Schiffe ab, sehen uns aber bald von einer Barke des Zollamts angehalten, mit Beamten, die durchaus auf Visitation dringen. Marinowitsch, der mit uns ist, wirft aber den Beamten ein kleines türkisches Goldstück und ein paar desto größere Grobheiten zu, und man läßt uns passieren. Wir steigen an der Stiege von Pera aus, wo Lastträger, die sich durch eine Art Sättel zu Kamelen umgeformt haben, unser Gepäck, jeder eine Last mehrerer Männer, aufnehmen, und jetzt geht die Wanderung durch die Hotels an, die sich alle besetzt finden. Endlich im Hotel de Bellevue notdürftiger Platz. Gewaschen, gebügelt, rasiert. Collatione, an der zwei widerliche Franzosen teilnehmen. Beschließen darauf, unsere englischen und holländischen Reisegefährten aufzusuchen, von denen wir etwas abrupt abgekommen waren. Finden sie in drei Hotels zerstreut. Machen mit ihnen einen Gang durch die Stadt. Zuerst, als in der Nähe liegend, die tanzenden Derwische. Jedermann weiß, was da geschieht. Wie ein übelklingender Gesang mit allerlei Gurgeleien von einer Art Tribüne herab von einer einzelnen Stimme den Anfang macht, dann der Umzug der Mönche, wobei sie ihren sitzenden Vorsteher kadenzmäßig durch Verbeugungen grüßen. Hierauf Instrumentalmusik, wenn eine Rohrflöte, ein Dudelsack und eine Trommel für Instrumente und die ärgsten Mißtöne für Musik gelten können. Endlich erschallt von derselben Tribüne herab ein heftiges Geschrei, wohl als Gesang gemeint, und nun beginnt, dreimal unterbrochen, anfangs langsam, dann aber immer schneller, ohne je wild zu werden, der Drehtanz der Derwische. Sie werfen dazu ihre verschiedenfärbigen Mäntel von sich und sind darunter weiß, in Jacken und Unterröcken gekleidet. Die Füße nackt, das Haupt mit weißen kegelförmigen Filzmützen bedeckt. Der Tanz bewegt sich in zwei oder drei Kreisen, zwischen welchen ein blaugekleideter, nicht tanzender Derwisch gemessen auf und nieder geht. Auch der Vorsteher tanzt nicht, sondern sitzt außer den Kreisen. Man hat die Bewegungen als heftig und wild beschrieben, ich habe sie eigentlich graziös gefunden. Ein paar hübsche junge Bursche von höchstens achtzehn Jahren, der eine in den Farben der Gesundheit, der andere bleich und hager, die Augen geschlossen, das Haupt gegen den emporgestreckten rechten Arm und diesen dem Haupte entgegengeneigt, wobei sie den linken mit herabhängender Hand gerade vor sich strecken, die Verzückung einer süßen Begeisterung auf den Lippen – sahen so reizend aus, als ein Mann nur immer einen Mann finden kann. Die Ältern nahmen die Sache etwas berufsmäßiger. Auch die Begrüßung des Vorstehers im Vorüberwandeln hätte manchem Ballettkorps zum Muster dienen können.

Hierauf in den Basar. Unabsehbare Hallen mit Kaufmannsbuden oder vielmehr Kramläden, denn die meisten scheinen mit fünfzig Dukaten auszukaufen zu sein. In eine Bude eingetreten. Werden mit Kaffee bewirtet. Pfeifen. Kaufen einige Kleinigkeiten. Ein Damaszener Säbel um dreitausend Piaster geboten. Zu Tische nach Hause. Wenigstens nicht die schmierige orientalische Fettküche. Französischer Wein. Abends die Reisegefährten besucht, um Baron Boineburg einen Besuch zurückzugeben, der in demselben Hause wohnt. Früh zu Bette. Lange vor Tag aufgewacht, vielleicht durch die Kälte, die unter einfacher Bettdecke grimmig war. Im September in Konstantinopel!

13. September. Frühmorgens zum Bankier, um Geld zu holen. Später zum Gesandten. Scheint kein unebener Mann. Lädt uns für denselben Tag zu Tisch. Diem perdidi.

Das Mittagsmahl und der damit zusammen-
hängende Abend war angenehmer, als ich mir vor-
gestellt hatte. Die Gräfin, obwohl geborene Fran-
zösin, spricht sehr gut deutsch und hatte den
richtigen Takt, in dieser Sprache zu reden, um die
andern ungehindert sprechen zu machen. Sie ist
ein gescheites, wie es scheint, völlig gebildetes
Weib. Das Gesandtschaftspersonal besteht aus
angenehmen, größtenteils jungen Leuten. Darunter der junge Schwarzhuber mit dem redlichen
Gesichte seines Vaters. Kam mir beinahe sonderbar vor, von Poesie, von meinen Arbeiten zu reden,
was ich seit Jahren nicht getan. So ward aus Morgen und Abend der zweite Tag unsers hiesigen
Aufenthaltes.

14. September. Mayerhofer hatte Geschäfte in
Therapia, und ich beschloß, ihn zu begleiten, teils
weil ich den Bosporus bei der Durchfahrt doch
nicht genau genug besehen zu haben glaubte, teils
weil unser Lohnbedienter notwendig mit ihm fahren mußte. Fuhren um sieben Uhr morgens auf einer vierrudrigen Barke ab. Stiegen in Jeniköi aus,
weil M. den Fürsten der Walachei zu besuchen
hatte, der aber eben im Begriff war, nach Kons-

tantinopel zu fahren. Weiter fort an den herrlichen Ufern und an den leider hölzernen und nur im ganzen imposanten, im einzelnen kleinlichen Häusern. In Therapia Herrn Autrant besucht, an den ich Briefe hatte. Die Maschinenwerkstätte der Donauschiffahrtskompagnie besehen. Langweilig. Endlich nach Bujukdere, wo wir Essen bestellten und indes spazierengingen. Aus den Fenstern des Landhauses des spanischen Gesandten tönte Musik. Es waren altitalienische Duette, beinah schien es Solfeggen für Sopran und Alt mit Begleitung des Fortepiano. Die Stimmen waren nicht gerade schön, sie sangen aber die ungemein schwierige Musik sehr richtig, und es machte mir unendliches Vergnügen, da ich strenge Singsachen liebe und jetzt so lange keine Musik gehört habe. Darauf besahen wir den Spaziergang hinter dem Orte, wo die Gegend jener von Weidling gleicht und den Vorzug vor ihr nur durch eine Baumgruppe von sieben Bäumen, i setti fratelli, behauptet, dergleichen man bei uns wirklich nicht sieht. Im Rückfahren nahmen wir zu Therapia Herrn Autrant ins Schiff und ließen uns ans asiatische Ufer überfahren, wo wir in dem famös gewordenen Hunkiar Skelessi ans Land stiegen. Zum erstenmal Asien betreten. Wenn ich die Gegend von Bujukdere mit der von Weidling verglichen habe, so brauche ich mich nicht im Verdacht der Exaltation zu haben, ich kann daher sagen, daß ich etwas diesen asiatischen Baumgruppen Ähnliches nie gesehen habe. Es ist etwas Weiches, Partien- und Gruppenartiges in ihnen, das den unsern fehlt. Besonders zeichnen sich die Eschen aus, dunkler als bei uns, massenhafter und doch unendlich zarter. Ich war eigentlich hingerissen. Der Abend nahte, und wir mußten nach Hause. Die Wasser des Bosporus himmlisch in der untergehenden Sonne. Durch die bereits dunkeln Straßen von Topchane und Pera nach Hause. Ein wunderschöner Knabe zu Pferde. Wahrscheinlich –. Ein Glas Wein getrunken und zu Bette.

15. September. Unsere englischen und holländischen Freunde holten uns verabredetermaßen ab, um den Zug des Sultans in die Moschee zu sehen. Unglücklicherweise hatte er, da er eben den Palast Beglerbey auf der asiatischen Seite bewohnt, für die heutige Freitagsandacht eine kleine Moschee bei Skutari gewählt, wo er denn zu Schiffe ankommen und der größte Teil des militärischen Pompes wegfallen mußte. Wir fuhren in einer vierrudrigen

Barke hinüber und postierten uns, wahrscheinlich allen Verordnungen entgegen, auf der Terras-
sentreppe eines leerstehenden Hauses, wo der Sultan vorüberfahren mußte und niemand stand als
wir. Lumpige Truppen machten Spalier. Offiziere von allen Sorten und Graden. Bald verkündig-
ten Kanonenschüsse die Ankunft des Herrschers.
Ein paar Barken mit Adjutanten als Avantcoureurs. Endlich die von Gold strahlenden Staatsbar-
ken, mit prächtig gekleideten Ruderern besetzt, es
waren drei; in der mittlern, wenn ich mich recht
erinnere, saß der Sultan unter einer Art Thronhimmel. Er sieht nicht übel aus, und hart an uns
vorüberfahrend, blickte er uns scharf an. Die See
ging hoch, und ein halb Schiffbruch leidendes großes Kaik mit einem General an Bord vertrieb unsere Schiffleute von ihrem Standplatz, so daß wir
halb mit Lebensgefahr über Hals und Kopf in unser Schiff springen und sogleich abstoßen mußten.
Wir beschlossen, nach den süßen Wassern Asiens
zu fahren. Der starke Wind und die gewaltige Strö-
mung machten die Fahrt schwierig. Schon früher
war ein kurzer, aber heftiger Regen eingetreten,
der uns zwang, in einem Kaffeehause von Skutari
Zuflucht zu nehmen, wo man uns mit Kaffee und
Pfeifen bediente. Während der Regen noch dauer-

te, fuhr der Sultan zurück. Diesmal ohne Thronhimmel, einen roten seidenen Regenschirm (Parapluie) über den Kopf gehalten.

Die süßen Wasser entsprechen als Gegend ihrem Rufe nicht, einige schöne Bäume, unbedeutende Hügel, nicht mit Hunkiar Skelessi zu vergleichen. Das Gras fand sich naß, die Wege kotig, weshalb auch wenig Gesellschaft, größtenteils aus Weibern und Kindern bestehend, da war. Sämtlich in bunten, vergoldeten, kugelförmigen Wagen, teils von Pferden, teils von Ochsen gezogen, wovon mir die letzten, mit hohen, quastengezierten Halbbogen an dem Kopfzeuge geziert und nebstdem wunderschöne weiße Tiere, am besten gefielen.

Ein Gaukler mit einer Baskentrommel und ein sich überschlagender und umkollernder Knabe unterhielten die Weibergesellschaft, von denen die Vornehmern, wahrscheinlich des durchnäßten Grases wegen, ihre Wagen nicht verließen. Sogar komödienartige Reden schienen manchmal eingemischt. Näher konnten wir die Sache nicht untersuchen, denn die Polizeisoldaten wiesen uns, obgleich höflich, von dem Weiberkreise zurück. Nach Hause gekehrt. Gegen Abend Mister Kathlik besucht und Herrn Craigher, der mir ein paar Besuche gemacht, ohne mich zu treffen. In demselben

Hause die Gräfin Hahn-Hahn. Deren Bekanntschaft gemacht. Sie scheint natürlich, wenigstens
spricht sie so. Gefiel mir weit besser, als ich erwartete.

16. September. Gestern schon hatte uns Herr Surmont angekündigt, daß er durch den holländischen Gesandten einen Ferman zur Besichtigung
der Moscheen für heute erhalten habe. Wir gingen daher um neun Uhr morgens zu ihm, oder
vielmehr, er kam uns auf dem Wege entgegen. Es
hatte sich eine zahlreiche Gesellschaft eingefun-
den, und wir machten uns alle auf den Weg über
die Hafenbrücke nach Konstantinopel. Die erste
Moschee, die wir besuchten, war die Sultan Solimans, nach St. Sophia die größte und am meisten
bewunderte. Diese kolossalen Porphyrsäulen, aus
denen man nichts zu machen gewußt hat als Stre-
bepfeiler für darauf gestützte Bogen, diese Bogen
selbst, die, von weiß und schwarzem Marmor ge-
streift, die Idee der Festigkeit und Tragkraft auf-
heben, welche die Idee des Bogens ist; die kahlen
Wände, durch nichts unterbrochen, machten einen
ungünstigen Eindruck auf mich. Dazu diese Menge von Lämpchen und Lampen, die auf Reifen und

spinnenähnlichen Kronleuchtern über dem Kopf des Beschauers schweben. Das Gemisch edler Säulen und abgeschmackter Barbarei. Das Ganze macht einen wüsten und müßigen Eindruck. Mir gefiel es nicht. Prächtig und würdig zugleich ist das danebenstehende Grab Suleimans, wo er mit zwei Söhnen und drei Weibern bestattet liegt. Die Wände mit einer Art buntem Porzellan überzogen, die Geländer mit Schildpatt und Perlmutter eingelegt. Auf dem Sarge der kaiserliche Turban mit zwei Reiherbüschen.

Es fing jetzt an zu regnen, und wir mußten uns mit Parapluies bis Nur-Osmanje, einer kleinern, aber sehr hübschen Moschee, durcharbeiten. Sie ist ohne Prätension, ohne mißbrauchte Säulen ganz in orientalischem Stile gebaut, freundlich und hell, und gefiel mir deswegen.

Dasselbe ist mit der ungleich größern Moschee Sultan Achmeds der Fall auf dem Atmeidan mit dem Obelisk und der Säule Konstantins, die wir heute des Regens wegen nicht näher besehen konnten. Auch sie ganz maurisch mit ungeheuern gemauerten Tragesäulen, auf denen die Gewölbe ruhen, im Innern.

Von da nach St. Sophia. Da unterdessen die Gebetstunde gekommen war, wurden wir nicht eingelassen und setzten uns, um abzuwarten, vor einem nahebei liegenden Kaffeehause nieder, wo Pfeifen und Kaffee, wie natürlich, gereicht wurden. Mittlerweile hatte sich noch ein Anstand erhoben. Der geistliche Vorsteher weigerte sich, mehr Personen einzulassen, als in dem Ferman angegeben waren, nämlich zwei, indes unsere Gesellschaft beinahe aus dreißig bestand. Die Verdopplung des gewöhnlichen Geschenkes hob auch diese Schwierigkeit. Wir wurden eingelassen, vorderhand aber nur in die Emporkirche. Es ist schwer, eine Beschreibung von dem Eindruck zu geben, den dieses Gebäude macht. Ich habe nichts Kirchliches gesehen, was sich damit vergleichen ließe. In rötlichgrauen Marmor gekleidet, der an mehreren Stellen höchst glücklich von Tafeln dunklerer Farbe unterbrochen wird, hat das Ganze ein ernstes, aber keineswegs finsteres Ansehen wie die gotischen Kirchen. Die herrlichen Säulen müssen zwar hier auch Bogen tragen und sind noch dazu doppelt übereinandergestellt, aber die der Kuppel zur Stütze dienenden Pfeilerwände geben einen so massigen Gegensatz, daß eines durch das andere gehoben und getragen wird. Die Mosaiken der Kuppel und Decke sind von den Türken überweißt worden. Man beklagt dies mit

Recht, vielleicht aber auch ist das Ganze durch sie schwer geworden wie in St. Markus zu Venedig. Den Fußboden haben die Türken durch Legen der Teppiche ganz ins Schiefe gezogen, um die Richtung nach Mekka zu erhalten. Man führte uns endlich auch ins Erdgeschoß hinab, obschon das Gebet noch nicht vorüber war. Die Versammlung belief sich nicht auf viele Personen. Darunter mehrere Pilger aus Mekka, dunkle, sonnverbrannte Araber und ein wunderlicher Kerl, ein Verrückter, wie uns der Lohnbediente sagte. Mit einem ungeheuern, wenn ich nicht irre, grünen Turban, scharlachrotes Kleid bis an die nackten Knie reichend, den Gürtel besteckt mit Dolchen und Pistolen, eine Art Hellbarde auf der Schulter. Er ging wie der Hahn auf dem Miste umher und maß uns mit zornigen Blicken. Auch unter den arabischen Pilgern schien sich eine erregte Stimmung zu verbreiten, und endlich riet uns der Kawatsch, der uns begleitete, fortzugehen, da es sonst zu einem Ausbruche kommen könne. Wir folgten seinem Rate, und am Ausgange verabschiedete uns der verrückte rote Kerl oder ein ihm ähnlicher, da ich nicht begreifen kann, wie der andere vor uns aus der Türe kommen konnte. Auch trug er diesmal statt dem Spieß eine Fahne. Er sah uns furchtbar an und stieß einen Schrei aus, der zwischen dem Wiehern des Pferdes und dem Krähen des Hahnes die richtige Mitte hielt. Es mochte wohl eine Drohung oder Beschimpfung sein. Das Serail, obwohl unser Ferman auch darauf lautete, konnten wir nicht besehen, da der Sultan eben am nämlichen Tage es bezogen hatte. Wir begnügten uns daher mit dem inner des ersten Tores in der ehemaligen Irenenkirche liegenden Zeughause, das höchst unbedeutend ist.

Nun war aber noch das Wichtigste zu tun, nämlich nach Hause zu kehren, während es in Strömen goß. Wagen gibt es bekanntlich in Konstantinopel nicht, und unsere Wohnung war leicht eine volle Wegstunde entfernt. Es blieb keine Wahl. Wir stürzten uns in den Platzregen, ließen uns in einem bereits tüchtig durchweichten Kaik übersetzen und kamen endlich, durchnäßt wie nie in meinem Leben, in unserer Wohnung an. Das bald darauf folgende Mittagmahl verbannte die eisige Kälte aus den Gliedern, und wir konnten abends dem Gesandten einen Besuch machen und so liebenswürdig sein, als es die Umstände erlaubten.

17. September. In der Nacht ein fürchterlicher Sturm. Zwei Schiffe gingen im Hafen zu Grunde. Das wichtige Geschäft des Frühstücks abgetan, das freilich von einer andern Konsistenz ist als unseres zu Hause. Die Franzosen entgöttlichen sich etwas. Der Major hat Geschäfte. Ich will allein mit dem Dragoman ausgehen. Es regnet. Sind heute beim Gesandten zu Tisch. Prokesch' asiatische Reiseerinnerungen sollen mir die Zeit verkürzen helfen.

Doch mit dem Lohnbedienten allein ausgegangen. Ein paar noch nicht gesehene Straßen durchlaufen, die nichts Interessantes darbieten. Die große Zisterne besehen, die ihren Gehalt von den süßen Wassern Europas empfängt. Ein stupendes Werk aus den Zeiten der Konstantine mit ungeheuern Granitsäulen, so weit das Auge reicht. Der Obelisk auf dem Atmeidan; die Spitzsäule ägyptisch, die Basis schlechte Arbeit aus der Zeit des Theodosius. Die halb zerstörte Schlangensäule, die einst dreifach gewunden gewesen sein soll, jetzt aber nur einfach ist, und von der man viel fabelt. Die aller Zierden beraubte und nur noch aus den übereinandergeschichteten Quadern bestehende Säule des Konstantin. Diese drei Bildwerke sollen die Richtung der Spina des ehemaligen Hippodroms bezeichnen.

Beginnt zweimal zu regnen. Da ich nicht Lust hatte, noch einmal durchweicht zu werden, nach Hause.

Mittags beim Gesandten. Das Wetter hatte mich verstimmt und die Verkühlung von gestern. Das Gespräch wollte sich nicht geben. Verfiel in jene beliebten Abwesenheiten, die so angenehm machen. Später kamen mehrere Leute, und das Gespräch wurde französisch geführt. Wäre gern nach Hause gegangen, aber der Major spielte, und ich wußte den Weg nicht. Schlechter Tag.

18. September. Die ganze Nacht gegossen. Die Straßen schwimmen in Kot. Suchte Herrn Surmont auf, da der Major Geschäfte hatte. Surmont war auf den Sklavenmarkt gegangen, ließ mich ebendahin führen, traf ihn aber nicht mehr. Besah mir den schändlichen Handel. Die Ware bestand aber bloß aus Negern. Ein hübscher Knabe wurde eben herumgeführt und um tausendzweihundert Piaster feilgeboten. Der Bube schien gar nicht betrübt und folgte ungezwungen dem Ausrufer. Der größte Teil Weiber, d. h. Mädchen. Wenige hübsche. Eine sah nicht übel aus und blickte mich an, als wollte sie mich zu einem Gebot auffordern. Das Abscheuliche war in seiner Einförmigkeit

bloß widerlich. Ging noch ein wenig in der Stadt herum, bis mir die Füße vom Pflaster schmerzten, und dann nach Hause, da der durchweichte Boden keinen Ausflug gestattet. Es stürmt wieder und droht mit Regen. Nichts gut an der Sache, als daß damit wahrscheinlich die Äquinoktialstürme abgetan sind und unsere weitere Seereise hoffentlich gesichert ist. Setze mich hin, um die Iliade zu vollenden und mit Prokesch' »Erinnerungen« in der Hand die Karte von Troas zu studieren.

19. September. Mit Monsieur Surmont und den beiden jungen Leuten einen Ritt durch die Stadt gemacht, da der Schmutz das Gehen verbot. Auf dem Pferdemarkt, wo wir aber nichts Schönes, wohl aber viel Hübsches und Wohlfeiles sahen. In der neuen Münze, die erst im Entstehen ist und eins der hübschesten Etablissements in Europa zu werden verspricht. Ein Engländer der Direktor, die Arbeiter aber sämtlich Türken, die also schon zu brauchen wären, wenn sie angeleitet würden. Dann ins Arsenal. Eine Reihe der schönsten Kriegsschiffe am Ufer. Im Bagno der Galeerensklaven. Finsternis herrscht da in der Mitte des Tages. Griechische Kirche im Gefängnisse. Die Leute haben außer der

Kette an einem Fuße kaum sonst etwas von Gefangenen und scheinen freier gehalten zu sein als irgend anderswo. Wenn man damit unsere schweren Kerker vergleicht! Ein darunter befindlicher Deutscher, er mochte ein Preuße oder Braunschweiger sein, mit Bart und Haaren wie der wilde Mann im Harz, redete mich an. Ehe ich ihn aber weiter befragen konnte, war er schon weggedrängt und im Dunkel verschwunden. Schiffdocks, Werfte, Seilerwerkstätte, aber nirgends Arbeiter. Mittags beim Minister. Abends ins Theater, wo ein italienisches Sängerehepaar seine Künste zeigte. Hätten leicht viel schlechter sein können, als sie waren. Gingen nach dem ersten Akte.

20. September. Allein mit dem Platzbedienten ausgegangen. Pferde genommen und den Ritt um die äußern Mauern von Konstantinopel gemacht, womit wir in zwei Stunden zu Ende waren. Genaugenommen, war mir diese Tour das Liebste, was ich in Konstantinopel bis jetzt mitgemacht habe. Die Türme und dreifachen Mauern, verfallen und mit Efeu umwachsen, militärisch vielleicht lächerlich, aber malerisch einer der schönsten Gegenstände. Auch das rechts der Straße liegende Land

sehr hübsch. Ungeheuer die Zahl der Feigenbäume, die in den Gräben wachsen. Den Schluß macht das Schloß der sieben Türme. In der Nähe betrachtet, scheint es unbedeutend, von der Ferne aber tritt erst das Innere auch heraus, und dann ist der Eindruck schön, aber keineswegs grauenhaft, wie man vorauszusetzen geneigt ist. In die Stadt zurück. Auf den Turm vor dem Hause des Seraskiers gestiegen. Eine schönere Aussicht läßt sich nicht denken. Unter sich die ungeheure Stadt, an die sich, durch Meerarme getrennt, Skutari und Pera als Vorstädte anschließen. Zwischen den bunten Häusern, die sich in der Entfernung gut ausnehmen, die stattlichen Moscheen, von ganz anderer Wirkung als unsere kleinlichen oder gotisch angeschmauchten Kirchen. Von der einen Seite der schön umgebene Bosporus, von der andern das Meer von Marmara, über die Prinzeninseln hinaus sich in der Ferne verlierend und ganz im Weiten noch einmal über die Hügel herausleuchtend. Ich habe heute meinen schönsten Tag in Konstantinopel gehabt. Schon weil ich –.

O Pera, Pera, türkisches Krähwinkel!
Mit Bürgermeister Staar und seiner Frauen Dünkel.

21. September. Heute den scheußlichsten Eindruck auf der ganzen Reise gehabt. War in Skutari bei den heulenden Derwischen. Hatte mich schon frühmorgens nicht ganz wohl gefühlt, etwa als Folge der Anstrengung auf dem gestrigen Ritte, mußte noch dazu beim Frühstück den Kaffee versäumen, der mir des Morgens einmal notwendig geworden ist, und ging daher schon etwas unwohl von Hause weg. Besahen noch im Vorbeigehen die Pferde des Sultans, die mir höchst unbedeutend scheinen. Kamen dadurch, durch den Münzingenieur Mister Taylor geführt, in die äußeren Höfe des Serails. Das Innere kann man leider nicht besehen, da der Sultan es bezogen hat. Hierauf nach Skutari zu diesen Teufeln von Mönchen. Schon Lokal und Kleidung war so bettelhaft und schmutzig als möglich. Ungefähr dreißig Lümmel und drei Kinder zwischen sieben und neun Jahren. Nach Gebeten, deren Anfang wir glücklicherweise versäumten, fingen sie endlich an zu singen oder vielmehr zu stöhnen, zu grunzen, zu bellen, wobei sie den Leib nach ein- und auswärts und den Kopf nach rechts und links bewegten, etwa den Bewegungen eines Schiffes im Sturm ähnlich. Der Vorsteher in der Mitte gab das Tempo an. Von langsam immer schneller und schneller. Nun hoben sie auch stampfend die Füße. Das Geheul wur-

de immer stärker. Tief im Baß stießen sie immer die Silbe »Hom! hom!« aus, während eine schneidende Tenorstimme, falsch, in einer ganz verschiedenen oder vielmehr gar keiner Tonart schrillend dazwischen sang. Bald schienen sie nur noch das Mittel zu halten zwischen brandenden Wogen und galoppierenden Pferden. Einer von ihnen, ein wilder Kerl mit struppigen schwarzen Haaren, bekam einen Anfall von fallender Sucht. Er brüllte, bäumte sich, schlug um sich. Drei oder vier warfen sich über ihn, die andern galoppierten wie vorher. Einer von ihnen hatte offenbar durch das Schaukeln eine Art Seekrankheit bekommen. Er grölte nur noch, sah aus wie eine Leiche, und ich erwartete jeden Augenblick, daß er sein Frühstück von sich geben werde. Da fiel mich der Ekel und das Grauen über die Entwürdigung der menschlichen Natur übergewaltig an. Ich mußte hinausgehen, und im Freien meine Begleiter erwartend, bezahlte ich mit einem heftigen Kopfweh das widerliche Schauspiel.

Und in dieser Verfassung mittags zum Minister. Es ging aber besser, als ich gedacht. Ich saß an der Seite des russischen Gesandten, Grafen Titoff, der ein gebildeter, vielleicht etwas mystisch angeregter, aber völlig interessanter Mann ist. Die Gräfin Hahn war auch da, ich konnte aber mit ihr nicht zum Gespräche kommen. Bei Tische trank ich zwei Gläser gutes Wasser, ein Genuß, den ich in Konstantinopel zum ersten Male hatte. In Pera wenigstens gibt's bloß Zisternenwasser. Lächerlich kam mir General Jochmus vor, der, ein Europäer, sein Fes vor den Damen auf dem Kopfe behielt. Mein Kopfschmerz kam wieder, wir machten uns daher gegen neun Uhr ganz still aus dem Staube.

22. September. Schlechte Nacht. Lange vor Tagesanbruch, etwa um drei Uhr, aufgewacht. Höchst aufgeregter Puls, starker Schweiß, war nicht ohne Besorgnis. Doch nach dem Aufstehen besser und jetzt gut. Will mich heute schonen. Das verfluchte Steinpflaster von Konstantinopel richtet mich zugrunde. Ging doch nach St. Sophia, um den Sultan, den ich neulich in der Barke gesehen, heute zu Pferde zu betrachten. Da war aber nichts von Garden und sonstiger Pracht, wie ich erwartet. Einige Reiter, dann der Sultan in seinem doch nicht unkleidsamen Mantel mit der diamantnen Agraffe und dem prächtigen Fes aus dem Serailtore heraus und zwanzig Schritte weit ins Tor der Moschee hinein. Er ließ sein Pferd gar nicht ungeschickt karakolieren, solange er über den Platz ritt, am Tore

aber meinte er vermutlich, es sei genug, und ritt ruhig im Schritt hinein. Das gab dem Ganzen etwas Gemachtes, das mir mißfiel. Dann zum Agenten der Lloydschen Dampfschiffgesellschaft Marinich. Scheint ein unterrichteter Mann. Schenkt mir ein mumisiertes Krokodil, das ich ihm gern zurückgeschenkt hätte. Nehme Plätze für Sonntag nach den Dardanellen. War froh, wieder fortzukommen. Warum? Weil ich mich nicht freute, herzukommen.

23. September. Morgens im Bette.

Schon bin ich müd zu reisen,
Wär's doch damit am Rand!
Vor Hören und vor Sehen
Vergeht mir der Verstand.

So willst du denn nach Hause?
O nein! Nur nicht nach Haus!
Dort stirbt des Lebens Leben
Im Einerlei mir aus.

Wo also willst du weilen?
Wo findest du die Statt?

O Mensch, der nur zwei Fremden
Und keine Heimat hat.

Da sich eine Gelegenheit fand, noch einmal die
Moscheen besucht. Der Suleimanije habe ich abzu-
bitten. Sie ist schön in ihren Verhältnissen und in
ihrer Einfachheit, da sie alle Farben ausschließt.
Nur die weiß und schwarz gestreiften Gewölb-
bogen sind und bleiben mir unerträglich. Mich ab-
gemüdet und froh gewesen, wieder nach Hause zu
kommen.

Abends Abschiedsbesuch beim Gesandten. Graf
Schulenburg mit seiner französischen Frau sind da
und bleiben bis halb elf Uhr. Wir mußten aushalten, weil der Major noch mit dem Gesandten über
Geschäfte zu sprechen hatte. Spät zu Bette.

24. September. Erwache um vier Uhr morgens unter einem bedeutenden Sturm. Gute Aussicht für
die heutige Abreise. Schreibe Autographen für das
Personale der Gesandtschaft. Der Wind dauert
fort. Wie wird das abgehen? Eingepackt. Um vier
Uhr soll's fort.

Zu Schiffe von Schwarzhuber und Wickerhauser begleitet. Das Meer macht sich besser, als zu

hoffen war. Herrlicher Anblick des Serails von der Seeseite. »Fürst Metternich«, vortreffliches Schiff. Während des Essens im »Mar di Mamora« dunkelt es bereits. Den jungen Chlumezky wieder getroffen. Bald zu Bette. Seit langer Zeit wieder einmal gut geschlafen.

25. September. Vor Tag erwacht. Aufs Verdeck. Einfahrt in die Dardanellen. Bei weitem nicht so schön als der Bosporus. Sestos und Abydos. Ersteres in einem schönbewachsenen Tale, letzteres von kahlen Hügeln begrenzt, die gelb ins Meer hinausschauen. Bei den Dardanellenschlössern angelangt. Das Schiff hält an. Eine Barke mit der östreichischen Konsularflagge legt an. Weiß steigt an Bord. Kaum erkennbar in dem halb orientalischen Barte. Steigen in seine Barke; alle Konsulate flaggen. Frühstück. Legt uns einen Plan zur Bereisung der Umgegend vor, der zehn Tage erfordert hätte. Erkläre, nur über zwei, höchstens drei verfügen zu können. Plan zur Besichtigung der Troas in zwei Tagen. Für heute war Abydos, wo wir uns bereits befanden, und das gegenüberliegende Sestos zu besehen. Ersteres ohne besonderes Interesse. Hierauf zu Schiffe an die jensei-

tige Küste gefahren und dort Pferde bestiegen. Doktor Xantopulos, ein unterrichteter und wackerer Mann, ist mitgekommen. Zu Pferde eine steile Anhöhe hinauf, von wo sich die reizendste Aussicht darbietet. Zum erstenmal die Baumwollpflanze gesehen. Reiten ins Tal von Sestos hinab, wunderschön mit Baumgruppen bewachsen. Hierauf am Strand des Meers rechts an den Anhöhen hin. Überall Spuren von alten Bauten. Das Meer an den Ufern mit Trümmern bedeckt. Auf einem vorspringenden Hügel mag der Tempel Aphroditens gestanden haben. Abends nach den Dardanellen zurück. Schöner Sonnenuntergang. Nirgends habe ich das Meer so lichtblau gesehen. Heiteres Abend- oder vielmehr Mittagmahl. Gute Betten; vortrefflich geschlafen. Rechne den heutigen Tag unter die angenehmsten meines Lebens. Weiß wird ein tüchtiger Mann werden und es weit bringen. Hat bei vielem Verstand auch ein Herz.

26. September. Heute soll's nach Troja gehen. Früh aufgestanden, aber unter Zögerungen der Türken mit den Pferden erst spät abgegangen. Hätte gleich anfangs ein großes Unglück haben können. Mein Pferd, das kein anderes vor sich haben will,

gleitet noch im Dorfe über einer Brücke aus und stürzt, ich mit, doch ohne mich zu beschädigen oder die geringste Unbequemlichkeit zu spüren. Von neuem fort. Merke an dem Schmerz in den Füßen wohl, daß ich zwanzig Jahre kein Pferd bestiegen habe. Verzweifle fast, ob ich's aushalten werde, aber mein Verlangen war zu groß, daher frisch weiter. Der Reiseplan dürfte nicht gut angelegt gewesen sein. Denn reiten fast den ganzen Tag, bis wir in die Ebene von Troja seitwärts einbrechen und bei Tschiblak die ersten Säulentrümmer und andere Ruinen sehn. Den Simois (nach Gewalik) passiert, wo das Wasser den Pferden nicht bis an die Knie reicht. Bei Tschiblak dürfte das Ilium recens der Alten zu suchen sein, also die Stelle, wo einige das alte Troja hinsetzen, mit welchem Recht, ist mir nicht deutlich. Es war Abend geworden, und wir eilten, Bunarbaschi zu erreichen, wo wir mit einbrechender Nacht eintrafen. Der Kawas, den uns der Pascha der Dardanellen mitgegeben hatte, machte uns Platz in dem Meierhofe des Paschas; man belegte den Fußboden eines erträglichen Zimmers mit Betten. Vorher stiegen wir noch zu den Quellen des Skamander hinab, deren vierzehn bis sechzehn sind, sämtlich vom reinsten, hellsten Wasser. Der Fluß bleibt übrigens höchst unbedeutend. Daß dieser Fluß bei Bunarbaschi entspringt, wie nach Homers Beschreibung der Skamander bei Troja, macht die Meinung höchst wahrscheinlich, daß hier das alte Ilion zu suchen sei. Die Umgebungen der Quellen sind übrigens durchaus steiniges Hügelland. Gut gegessen und ebenso geschlafen, selbst ohne Flöhe, was uns am meisten wunder nahm.

27. September. Frühmorgens auf und die Umgebungen von Bunarbaschi besehen. Der Hügel, auf dem es liegt, fällt nach rückwärts ab. Ist von allen Seiten zu umlaufen, so daß auch dieses Zeichen des Homerischen Ilions eintrifft. Einen Grabhügel von aufgehäuften Steinen bestiegen, der Meinung und wohl auch der Wahrheit nach jenes des Hektor. Von hier aus hat man die beste Ansicht des trojanischen Feldes. Ringsum steinichte Hügel. Rechts im Tal die Quellen des Skamander. Weiter drüben, durch Bäume bezeichnet, der Lauf des Simois. Vor sich die Ebene, wie zum Schlachtfeld geschaffen, von beiden Seiten durch Hügelreihen eingeschlossen. Rechts die Anhöhen, auf denen das Ilium recens lag und die wohl die Kallikolone Homers sind, links der Höhenzug längs des Ägeischen Meeres,

der mit dem Kap Sigeum und dem Grabhügel des Achill schließt. Längs dieses Höhenzuges mehrere Grabhügel in der Reihe. Die Ebene selbst wellenförmig durch Bewegungen des Bodens unterbrochen und mit Bäumen besetzt. Überhaupt die Gegend schön und, wie es scheint, gut bebaut. Von da wieder zu Pferde und in der Richtung von Alexandria Troas weiter. Der Weg ansteigend, mit Gesträuch und halbwüchsigen Bäumen besetzt. In Keikli Mittag gehalten (den vorigen Tag in Itgelmes). Kommen endlich bei den Ruinen von Alexandria Troas an. Zwei der ungeheuersten Säulen, die es irgend gibt, am Boden liegend, fünfunddreißig Schuh lang und gegen sechs Fuß im Durchmesser. Trümmer eines andern Prachtgebäudes mit den ungeheuersten Bogen und den größten Bausteinen, die ich jemals gesehen. Ähnliche Konstruktionen und Bogentrümmer überall zerstreut. Schon am Morgen hatte sich heftiger Sturm aus Süden gezeigt, er nahm immer mehr zu. Unser Plan war, ans Meer hinabzusteigen, nach Tenedos überzufahren und dort morgen das Dampfboot zu erwarten. Die Ausführung zeigte sich aber unmöglich. Kein Schiffer wagte, uns überzuführen. Wir ließen Feuer anzünden, das gewohnte Zeichen für die Barken von Tenedos, herüberzukommen, aber keine kam. Der Abend brach ein, und es blieb nichts übrig, wenn wir anders das Dampfboot des Lloyd nicht versäumen wollten, als in der Nacht den ganzen Weg nach den Dardanellen wieder zurückzumachen. Nach einem ermüdenden Marsch zu dem nächsten türkischen Dorfe, wo wir in dem Kaffeehause mit Vertreibung aller übrigen Kunden uns etwas erfrischten, setzte sich mit einbrechender Nacht die Gesellschaft wieder zu Pferde. Ich, der ich von dem zweitägigen Ritte ohnehin erschöpft war, legte mich auf einen mit Ochsen bespannten Karren (Araba), und so ging der Zug durch die ganze Länge der Ebene von Troja, leider bei finsterer Nacht, nur von den ungemein glänzenden Sternen beleuchtet und durch den Gesang der Grillen belebt, deren Zirpen hier wirklich dem Gesang der Vögel nahekommt. Auch Glühwürmer kamen hier häufig vor. So erreichten wir in der Morgendämmerung Kum Kale, nachdem kurz vorher mein Ochsenkarren mich beinahe in einen Abgrund hinabgeworfen hätte. In Kum Kale eine Tasse Kaffee genommen und eine Segelbarke bestiegen, die uns in dem heftigen Winde eine halbe Stunde vor Ankunft des Dampfbootes in die Dardanellen zurückbrachte. Weiß, der uns nach Smyrna begleiten wollte, findet sein Urlaubsgesuch von dem Internuntius abweislich beschieden; wir trennen uns daher und besteigen allein das östreichische Dampfboot.

28. September. Der Wind war schon bei der Abfahrt ziemlich stark, Sirokko, also gerade unserer Richtung entgegen. Wir fuhren der trojanischen Küste entlang, die hier bloß den Anblick einer felsigen Hügelreihe darbietet. Ungefähr Tenedos gegenüber der Berg Ida, den wir gestern, von Wolken gehindert, nicht sehen konnten. Gleich wie wir aus den Dardanellen hinauskamen, wurde der Wind immer stärker und stärker und wuchs bis zum wirklichen Sturm, um so widriger, da er uns gerade entgegenblies. Das Meer ging sehr hoch und wurde mir immer lästiger. Ich suchte des Eindrucks auf jede Art Meister zu werden. Stellte mir das Ganze als ein erhabenes Schauspiel vor, das es wirklich war. Fixierte Punkte an der Küste, um mir das Auf- und Abklettern des Schiffes die Wellen hinauf und herab zu maskieren. Eine Weile half es, aber nicht lange, besonders wohl wegen der Anstrengungen der verflossenen drei Tage, der durchwachten Nacht, und weil ich desselben Tages außer einer Tasse Kaffee nichts genossen.

Zweimal stieg mir das Brechwasser in den Mund, und ich überwand die Entwicklung, endlich aber geschah das Unvermeidliche. Ich glaubte, nun ungestraft einen Teller Suppe und ein Glas Wein zur Stärkung des Magens genießen zu können, aber ohne Eßlust und von den ungeheuern Schwankungen in der Kajüte sehr belästigt. Da der zum eigentlichen Sturm gewordene Wind jede aufrechte Stellung unmöglich machte und es dunkel geworden war, legte ich mich zu Bette. Vor Erschöpfung schlief ich bald ein, wachte aber bald von der ungeheuer verstärkten Bewegung wieder auf. Kopf und Füße gingen wie die Schalen einer außer Gleichgewicht gebrachten Waage. Der Kopf schmerzte ungeheuer. Da, ohne besonderes örtliches Übelsein, konnte ich mich noch einmal expektorieren. Von da an ward es besser, und ich schlief nach ein paar peinlichen Stunden wieder ein. Gegen Morgen waren wir schon im Eingange des Golfs von Smyrna, die See ward ruhiger. Ich konnte frühstücken und fühlte die Wohltat der nötigen, so oft mißbrauchten Stärkung. Gegen zehn Uhr morgens Ankunft in Smyrna. Die Stadt liegt im Hintergrunde einer Felsenbucht, die leider zu kahl ist, um schön genannt zu werden. Aber was käme einem schön vor in solcher körperlichen Verstimmung. Steigen

in der Pension du Levant aus, wo wir die Gräfin
Hahn vorfinden. Besehen uns den Basar, steigen
aufs alte Schloß, dessen Aussicht zu genießen uns
der immer steigende Sturm hindert. Kamele, die
zuerst in den Dardanellen vorgekommen, durch-
ziehen in langen Reihen die Straßen. Die Stadt
besteht aus ziemlich schlechten Häusern, keine
einzige bedeutende Moschee. Besuchen den östreichischen Generalkonsul, der weniger Freude äu-
ßerte, als ich aus der alten Verbindung unserer Familie erwartete. Essen der Gräfin Hahn zuliebe,
die ich bisher ziemlich vernachlässigt, schon um
vier Uhr zu Mittag. Angenehme Unterhaltung.
Schenkte ihr ein paar klassische Baumblätter, die
ich von Ilion mitgebracht, was sie zu freuen schien.
Indes war auch das französische Dampfboot angekommen, das uns morgen weiterbringen soll. Nach
Tische nehmen wir Abschied von der Gräfin und
ihrem Begleiter, die nach Beirut gehen, setzen uns
am Meeresstrand in ein griechisches Kaffeehaus
und schlendern dann bis abends in den Straßen
umher, wo wir Gelegenheit hatten, die beste Meinung von der Wohlgestalt der smyrnatischen Damen zu fassen. Früh zu Bette.

29. September. Zahlen die ungeheure Rechnung. Ein Golddukaten fiel auf meinen Teil für das gemeinschaftliche Schlafzimmer, ein Mittagmahl und ein schlechtes Frühstück, und lassen uns nach dem französischen Dampfboote hinausrudern, das uns nach Syra bringen soll. Das Schiff schön, die Offiziere artig, das Frühstück gut, bis auf das Fleisch, das im Orient überall schlecht ist. Abfahrt. Der Sturm aus Süden hatte während der Nacht zugenommen, aber die vortreffliche Bauart des Schiffes machte die Bewegungen milder. Auch schien mir, als ob trotz des vermehrten Windes die Wellen minder hoch gingen, endlich macht die Gewohnheit alles leichter. Der Wind war übrigens so stark und so konträr, daß der Kapitän davon sprach, in einem Hafen vor Anker zu gehen. So schleppten wir uns fort, leider durch die Unmöglichkeit, aufrecht zu stehn, und den Sirokko begleitenden Dunstnebel gehindert, den Anblick der Küste zu genießen. Ich konnte, ohne sehr belästigt zu werden, zu Mittag essen. Die beiden Engländer, Mister Kathlik und der langweilige Edwards, waren mit demselben Schiffe von Konstantinopel angekommen; zugleich mit ihnen eine ganze Kolonie junger Engländer, so daß man bei Tische in Old England zu sein glaubte. Ein italie-

nischer Dominikanermissionär, der mich als Katholiken sehr in Affektion nahm usw. Die Zeit verging eben, wie das ihre Gewohnheit ist.

So ging der 30. September unter immerwährenden Besorgnissen des Schlechterwerdens und Unlust in der Unmöglichkeit, aufrecht zu stehen und irgendein Objekt mit Behagen betrachten zu können, vorüber. Die Nacht war arg, ich ertrug sie aber schon leidlich.

Der 1. Oktober brach an, und wir hatten bald den Ort unserer jetzigen Bestimmung, Syra, vor Augen. Der Anblick der Insel ist kahl, die Stadt aber, wie eine Bischofsmütze bis zur höchsten Spitze eines Berges empor gebaut, nimmt sich nicht übel aus. Gegenüber der Stadt auf einem ganz kahlen Felsen das Lazarett der Quarantäne. Im Hafen lagen schon zwei französische und ein östreichisches Dampfboot. Unser Schiff hatte die gelbe Pestflagge aufgesteckt. Boote mit demselben Wimpel umkreisten uns. Endlich ward eine Barke mit uns und unsern Effekten beladen. Vier Engländer, zwei konstitutionelle Griechen und einiges Gesindel gesellten sich bei, und so wurden wir nach dem Lazarett hinübergerudert. Dort angekommen, warf man unser Gepäck brutal an die Felsen des Ufers und überließ uns unserm Schicksale. Der Major blieb zur Aufsicht zurück, und ich ging in die Quarantäne, konnte aber niemand finden, der Italienisch verstand, so daß, als ich endlich in die Kanzlei kam, der griechische Lohnbediente der Engländer die einzig übrigen guten Zimmer weg hatte und wir mit einem elenden schmutzigen Loche mitten unter stinkenden Türken und Griechen vorlieb nehmen mußten. Wir sandten sogleich Botschaft an den östreichischen Konsul und an den Direktor der Anstalt Pio Terenzio. Letzterer kam auch; da aber alle Zimmer vergeben waren, mußten wir in unserm Loche aushalten, und das einzige, was wir erreichten, war, noch an selbigem Abende spoglio machen zu können und so statt vierzehn nur neun Tage gefangen zu bleiben. Der spoglio selbst war die lächerlichste Zeremonie, die sich denken läßt. In kleinen Kämmerchen nächst der Kanzlei hatte man jedem von uns ein heißes Bad bereitet. Die Kleider mußten wir in eine Art Schublade legen, die, sowie wir ins Wasser stiegen, nach außen fortgezogen und erst, als das Bad vorüber war, wieder hereingeschoben wurde. Da fanden wir denn statt unserer Kleider einen Schlafrock, ein Hemd ohne Haft oder Knopf,

Unterhosen, die uns den Bauch zusammenklemm-
ten, eine weiße Schlafmütze. Kurz, wir mußten
laut auflachen, als wir uns wechselseitig erblick-
ten. Mein Geld ward während des Bades ebenfalls in ein Gefäß mit Wasser geschüttet. Nur die
Uhr durfte behalten werden, der ich motu proprio
meine Zigarren beifügte, um sie vor dem Gestank
der Räucherung zu retten. Während wir nämlich
uns in der Brühe befanden, wurde unser Zimmer
mit den ausgepackten Kleidern und dem geöffne-
ten Koffer durchstänkert, wir selbst aber für diese Nacht ins erste Geschoß in ein Zimmer geführt,
das zu den für den erwarteten Fürsten Mavrokordato aufbewahrten Appartements gehörte. Die
Möblierung übrigens war nichts weniger als fürst-
lich, namentlich die Betten nicht viel besser als
ein Brett und ein Bund Stroh, welche Beschaf-
fenheit unsere Lagerstätten während der ganzen
Dauer der Quarantäne beibehielten. Morgens er-
hielten wir unsere Kleider wieder, begaben uns
wieder in unsere stinkende Wohnung, die von den
Pesträucherungen nunmehr doppelt stank. Fürchterlicher Kaffee zum Frühstück. Zu Mittag gute
Suppe, leidliche Fische, vortreffliche Trauben,
mittelmäßiger Wein, aber alles Fleisch so ausge-
sucht schlecht, so zäh und hart, daß kein Messer,

viel weniger Zähne dessen Herr werden konnte. Das Quarantänegebäude ist ganz zweckmäßig, ja hübsch gegenüber der Stadt auf einem ganz kahlen Felsen erbaut. Da ist kein Baum, kein Strauch, kein Grashalm. Der Boden mit Felsen und spitzen Steinen bedeckt, so daß jeder Tritt schmerzt und wir uns erst mit unserer Hände Arbeit durch Aufräumen der Steine einen Spazierweg bahnen mußten. Noch dazu wird der Aufenthalt im Freien durch die immerwährenden Stürme verleidet, die, wie vorher aus Süd, jetzt aus Nord und Nordost über die Inseln herrasen. Unser Gesichtskreis wird gegenüber durch die Hauptstadt der Insel Syra, links durch kahle Berge mit dürftigen Bepflanzungen, rechts durch die Insel Tino mit vielen wie Schwalbennester an den Klippen hängenden Ortschaften und die Ausläufer von Mikone begrenzt. Ein- und auslaufende Schiffe beleben einigermaßen die Gegend. Da werden denn mit dem Fernrohr die Wimpel beobachtet, von einer einlaufenden englischen Kriegsbrigg die Kanonen gezählt, die Manöver beobachtet. Die vier Dampfschiffe, die anfangs im Hafen lagen, haben uns verlassen, und der Sturm verscheucht neue Gäste. Ich bezeichne nicht mehr die einzelnen Tage, denn eine große Langeweile verschlingt alle Unterschiede. Glücklicherweise hatte ich in meinen Koffer Chalybäus' Geschichte der neuen Philosophie eingepackt, die mußte nun vorhalten. Die Seiten wurden gezählt, und fünfzig für jeden Tag schien genug, um die neun Tage der Gefangenschaft auszufüllen. Da wird denn aufgestanden, der entsetzliche Kaffee getrunken, ein wenig im Winde spazierengegangen, dann gelesen, wo uns denn Herbarts Monaden an dem gescheiten Manne unerklärlich, Schellings System aber höher als die Klippen, widriger als der Wind und unfruchtbarer als das Meer vorkamen.

Am 4. Oktober, als meinem Namenstage, ward mir endlich eine bessere Kammer, mit der Aussicht auf das Meer und minder den mephitischen Dünsten ausgesetzt, zuteil, ohne unsere Lage erträglicher zu machen, denn jeder Tag mehrt im geometrischen Verhältnisse die Unleidlichkeit. Ein einzelner würde sich in Gedanken vertiefen, zu zweien gehen sie aus, weil zu dem Unangenehmen der eigenen Lage noch das Mitleid über die des andern kommt.

Als wir ankamen, war das Geschrei im Hofe unerträglich. Da alle Bedürfnisse nur mittels ei-

ner Schublade durch das Menageriegitter gescho-
ben werden, das den Hof abschließt, so war der An-
forderungen und des Schreiens nach Georgy kein
Ende. Jetzt wird die Zahl der Gefangnen täglich
geringer, und fünf Engländer, die sich mit Ratten-
fangen und Schwimmen unterhalten, zwei konstitutionelle Griechen, von denen einer den König
Otto einen Imbécile genannt hat, zwei liederliche
Französinnen aus Ägypten in Begleitung zweier
Türken, endlich zwei alte Griechen mit dem Lüm-
mel-Adonis machen die ganze Gesellschaft aus.
Letzterer ist ein etwas derber Bursche von etwa
zwanzig Jahren, prächtig, nur zu stark gebaut,
hübsches Gesicht, aber unreines Fell. Am verflossenen Sonntage sah er in brauner Jacke und kurzer Pumphose, weißer Schärpe, rotem Fes und
stahlblauen Strümpfen an den modellartig geform-
ten Beinen wirklich prächtig aus. Seitdem hat er
mit dem abgelegten Sonntagsstaate viel verloren.

9. Oktober. Endlich schlug der Tag der Erlösung.
Durch den spoglio war die Dauer der Quarantäne um fünf Tage abgekürzt worden, und heut gab
uns der Ober-Guardiano durch einen Handschlag
die Freiheit. Eine Barke war schon bestellt. Wir

bezahlten die ungeheure Rechnung, etwas mehr als einen Dukaten für den Tag, warfen Trinkgelder aus nach allen Seiten und ließen uns nach der Stadt Hermopolis, der Hauptstadt von Syra, hinüberrudern. Schon gestern war uns durchs Fernrohr ein besonderes Treiben unter dem Volke der Hauptstadt unter unaufhörlichem Glockengeläute aufgefallen, das selbst der Sonntag nicht hinlänglich zu erklären schien. Auch heute bemerkten wir festliche Anzüge unter der Menge und erfuhren denn, daß an beiden Tagen die Wahlen für die bevorstehende Ständesitzung stattgefunden hätten. In Athen war nämlich, wie wir schon in den Dardanellen gehört hatten, eine Revolution ausgebrochen und der König genötigt worden, eine Konstitution anzuerkennen. Der Anteil unter dem Volke schien übrigens nicht groß. Man hatte uns das Wirtshaus »De toutes les nations« als das beste empfohlen. Wir ließen uns dahin bringen, fanden aber nur eine finstre Kammer unbesetzt, die offenbar schlechter war als unser Pestkobel im Lazarett. Doch Not kennt kein Gebot, wir nahmen die camera obscura. Gleich nach dem schlechten Frühstück bestiegen wir im Gefühle der wiedererhaltenen Freiheit eine Anhöhe im Süden der Stadt und genossen der himmlischen Aussicht auf Meer und Inseln. Gräßlich ist der Weg durch die obere Stadt. Keine Straße oder nur Gasse – nur Kloak und Winkel. Da aber die Häuser sämtlich von Bruchsteinen sind, machen sie doch keinen schlechten Eindruck. Nach Tisch gingen wir nach der Nordseite bis über den Eingang des Hafens hinaus. Hier ist die Aussicht noch bezaubernder und die Stadt wirklich schön. Wohlgepflastert, die Häuser nach Art der Landhäuser klein, aber durchaus von Stein und geschmackvoll, ja elegant gebaut. Man hat eine neue Straße als Spaziergang angelegt, der zu den Höhen außer dem Hafen führt. Wir stiegen hinauf. Die Berge sind kahl, überall Steine, vom Marmor und Granit bis zum Schiefer und Kalkstein. Kein Baum, kein Grashalm, nichts als Distel und eine Art stachlichter Ginster, aber dafür Salbei, Thymian und andere trockne Pflanzen von einem solchen Wohlgeruche, daß man sich fast betäubt fühlt. Wir lagen da wohl zwei Stunden und genossen der Aussicht auf das Meer und die Inseln und des himmlischen Abends. Die Formen haben etwas Pittoreskes, dazu der von Natur wohlgesittete, wohlgebildete Menschenschlag; in den mittelländischen Gegenden läßt sich nichts damit vergleichen.

Früh zu Bette. Vor Lärm im Wirtshause nicht einschlafen können. Die Nacht durch den Luftzug wach gehalten, der durch die Spalten der Wand unserer Kammer eindrang; bei Tagesanbruch durch das Krähen der Hähne aufgeweckt, dazu die Hitze. Von den widerlich starken Weinen, habe ich beinahe nichts geschlafen.

10. Oktober. Spät aufgestanden. Vormittags war vieles für unsere morgige Abreise zu besorgen. Hierauf gingen wir vom Hafen aus längs des Meeres hin, wurden aber bald von der Zwölfuhrglocke zurückgerufen, da man hier um diese Stunde zu Mittag speist. Bald nach Tische mieteten wir eine Barke und ließen uns ins Innerste des Hafens führen, wo wir uns entkleideten und trotz des starken Südwindes ein Seebad nahmen. Hierauf wieder auf unsern geliebten Windmühlenhügel. Die Inseln waren aber mit Wolken bedeckt, und die Sonne geht schon um halb sechs Uhr unter. Die gestern belebte Abendkonversation mit hiesigen jungen Handelsleuten, worunter einer, der deutsch spricht (der deutsche Musiklehrer war heute nicht zugegen), wollte sich jedoch nicht geben, und ich sitze gegenwärtig um halb neun Uhr

schon in unserer Schlafkammer und kritzle diese Zeilen, da mir der griechische Lärm auf dem Vorhause nicht erlaubt, an Schlaf zu denken.

Im ganzen gefällt mir Syra sehr wohl, glaube aber, was mir die jungen Italiener an der Wirtstafel sagen, daß man nach drei Monaten Aufenthalt Lust zum Aufhängen bekomme. Dürre und Sterilität im höchsten Grade. Die männlichen Einwohner bloß mit ihrem Handel beschäftigt, die Weiber der bessern Stände, halb orientalisch, meistens zu Hause. Man müßte hier, wie wir im Lazarett taten, zur Lektüre von Chalybäus' Darstellung der neuesten deutschen Philosophie seine Zuflucht nehmen. Die Aridität lädt kongenial dazu ein.

11. Oktober. Die ganze Nacht Gewitter, Regen und Sturm. Der Regen, der erste seit sechs Monaten in Syra, setzt sich auch den Vormittag über fort. Die Seite unsers Zimmers, auf der ich liege, stand durch mehrere Spalten dem Wind offen, so daß ich allerlei unangenehme Empfindungen in den Gliedern spürte. Gegen Mittag konnten wir doch den Hafen entlangschlendern. Das östreichische Dampfschiff von Konstantinopel, dessen Briefe wir

nach Athen mitnehmen sollen und dessen Ankunft wir daher abwarten müssen, ist noch immer nicht gekommen. Wir gehen nachmittag auf unser Observatorium zu den Windmühlen und schauen mit Fernrohren in die Gegend, woher es kommen muß, zwischen Tino und Mikone, müssen uns aber mit der Aussicht im allgemeinen begnügen, denn von dem Dampfboote keine Spur. Haben daher noch eine Nacht in Syra zuzubringen. Gegen Nacht verbreitet sich das Gerücht, es sei gekommen, werde aber des schlechten Wetters wegen erst morgen abends abgehen, denn Gewitter, Regen und Sturm haben sich wieder eingestellt.

12. Oktober. Es regnet noch immer in Strömen. Das gestern gekommene Dampfboot war kein östreichisches, sondern eines der griechischen Regierung, das die Nachricht brachte, daß Kolokotronis wegen eines Versuchs zugunsten des Königs von Athen nach Tino verwiesen worden sei. Die Parteien fangen also an, sich zu zeigen, eine schlechte Aussicht für unsere Ausflüge ins Innere Griechenlands. Das nach Athen bestimmte Schiff wird aber heute gewiß abgehen, auch wenn die Brieftaube nicht einlangt. Desto besser! Länger noch in

Syra zu bleiben, das man am ersten Tage auswendig weiß, wäre zu arg.

Im Wirtshause den griechischen Oberstleutnant Fabricius getroffen, der seit 1824 in Griechenland dient und nun samt allen Deutschen entlassen und verbannt ist. Ein gescheiter, wohlgebauter Mann, der anfangs krank schien, in der Unterhaltung mit seinen Landsleuten aber zu unserer großen Freude sich allmählich zu erholen schien. Er schreibt alles Unglück den bayerischen Ratgebern des Königs zu, betrachtet aber die Konstitution als eine von vornherein unvermeidliche Sache. Mit ihm den Konsul Forestier besucht, ein gebildeter, gut sprechender Mann mit einem weggeschossenen Bein, der aber in seinen Reden und Berichten, die er uns vorlas, witziger scheint, als für einen Beobachter von Profession zulässig scheint. Endlich abends um sieben Uhr fahren wir mit dem Kapitän ans Dampfschiff. Das Wetter windig und noch dazu mit konträrem Wind. Lege mich gleich bei der Ausfahrt aus dem Hafen, wo denn Wind und Wellen das Dampfboot dermaßen zu schütteln anfangen, daß ich das Übelste erwarten mußte. So dauert es fort bis gegen ein Uhr morgens, ohne daß ich ein Auge zutun konnte. Von da an wurde es milder, und gegen Morgen schlief ich mit Unterbrechung ein paar Stunden. Gegen sechs Uhr stand ich auf und ging aufs Verdeck. Da hatten wir das Kap Sunium schon passiert. Ägina und Salamis lagen links von uns, letzteres viel kleiner, als ich mir gedacht, so daß man kaum begreifen kann, wie eine Seeschlacht mit der ungeheuern persischen Flotte da stattfinden konnte. Rechts, vom Meere entfernt, wie eine gefallene Krone die Anhöhen, auf und an denen Athen liegt. Die Sonne beginnt nach und nach die einzelnen Umrisse zu beleuchten. Die Akropolis, ein Palast, wahrscheinlich der des Königs. Die Spitze des Hafens Piräus kommt uns entgegen. Wir laufen ein. Hier hätte man Neu-Athen bauen und das alte als Antiquität behandeln sollen. Wahrscheinlich auch eine Idee des albernen Königs von Bayern, der vielleicht das ganze Unglück seines Sohns verschuldet hat. Kommen endlich vor Anker. Der Major besucht einen alten Marinekameraden auf der im Hafen liegenden östreichischen Korvette, und ich kritzle unterdes diese Zeilen. Der Zweck meiner Reise scheint verfehlt, denn Oberstleutnant Fabricius rät uns die Reise ins Innere des Landes aufs entschiedenste ab. Wir werden eben sehen.

Endlich kommt der Major in dem Boote des Kriegsschiffes zurück und holt mich auf die Korvette ab. Mache die Bekanntschaft des Kapitäns, der eben für den Tag bei Prokesch zu Mittage geladen ist. Wir fahren zusammen ans Ufer, frühstücken, was vor allem ich notwendig hatte, und fahren in zwei Wagen nach Athen. Eine dürre, staubige Straße, rechts Überbleibsel der langen Mauern. Der Olivenwald. Endlich die ersten Häuser des neuen Athen. Wir fahren beim Gesandten vor und werden in sein Haus aufgenommen. Der Aufstand ist noch in vollem Gange. Lärmende Haufen durchstreifen die Stadt. Erzählung der Hergänge. Es scheint auf das Leben des Königs abgesehen gewesen zu sein. Vor Tische fahren wir mit Prokesch zum Jupitertempel hinaus. Die Säulen herrlich. Jedermann weiß das. Der Tempel mag einer der grandiosesten der Welt gewesen sein. Mehr aber als alle diese Trümmer interessieren mich die Quellen des Ilyssos, an denen Platon spazierenging, die vielgenannten Berge, die das Tal von Attika umschließen, die Aussicht aufs Meer mit Salamis, Ägina, die Natur, die immer war, was sie jetzt ist, und dazu Zeugin jener unsterblichen Taten und Werke. Die Bauwerke machten mich staunen, die Hügel und Flußbeete trieben mir die Tränen in die Augen.

13. Oktober. Bei Nacht fester und langer Schlaf. Wache aber mit dem Gefühl der Verkühlung auf und bin wieder dem Durchfall anheimgegeben. Mein Kopf ist einer solchen Masse von Eindrücken nicht mehr gewachsen. Gehe demungeachtet auf die Akropolis. Wir werden uns auf Athen beschränken müssen, da man im Lande jeden Deutschen für einen Bayern hält und jeder Bayer so verhaßt ist, daß man sie überall mißhandelt, verwundet, ja töten würde, wenn nicht Hilfe zur rechten Zeit käme. So ist dann der Hauptzweck meiner Reise verfehlt. Ich werde den Parnaß, ich werde Delphi nicht sehen. Neun Tage Quarantäne halten zu müssen, um mich acht Tage in Athen herumtreiben zu können! Herumtreiben, denn auch hier kann man einsame Gegenden nicht besuchen und auch diese nur, von wohlbekannten, angesehenen Personen begleitet. Überall begegnet man mißtrauischen, auflauernden Gesichtern. Also auf die Akropolis. Was man hier an Bauwerken sieht, macht im ersten Augenblicke einen kaum angenehmen Eindruck; den der Zerstörung. Erst in den folgenden Momenten baut sich an den Überbleibseln das Großartige neu empor.

Anmerkungen

Orthographie und Interpunktion des Tagebuchs wurden behutsam modernisiert, Eigenheiten von Grillparzers Diktion und historische Schreibungen von Ortsnamen wie »Pesth« und »Presburg« jedoch beibehalten.

Die Briefzitate stammen aus folgender Ausgabe: Franz Grillparzer: Sämtliche Werke. Historisch-kritische Gesamtausgabe. Im Auftrage der Bundeshauptstadt Wien herausgegeben von August Sauer. Dritte Abteilung. Zweiter Band: Briefe und Dokumente. Zweiter Teil. Wien: Kunstverlag Anton Schroll & Co. 1924.

5
Die Fröhlichs…Katty weinte sehr: Katharina Fröhlich (1800–1879) war die dritte der vier Töchter von Mathias Fröhlich und dessen Ehefrau Barbara, geborene Mayer. Im Winter 1820/1821 lernten die Schwestern Fröhlich Franz Grillparzer kennen, bald darauf verlobten sich Katharina Fröhlich und er, zu einer Heirat kam es allerdings nie.

Mein vorausgesetzter Reisegefährte: Ferdinand Freiherr Mayerhofer von Grünbühel (1798–1869), Offizier und Diplomat; ab 1844 Konsul in Belgrad. Mit Grillparzer traf er auf der Reise erst am 8. September in Rustschuk zusammen.

Konstantinopel: heute Istanbul, wurde 660 v. Chr. unter dem Namen Byzantion gegründet. 330 n. Chr. machte sie der römische Kaiser Konstantin der Große zu seiner Hauptresidenz. Nach seinem Tod 337 wurde die Stadt offiziell in Constantinopolis umbenannt. Sie war die Hauptstadt des Byzantinischen Reichs und blieb dies bis zur Eroberung durch die Osmanen 1453. Unter den Namen Kostantiniyye oder Istānbūl war es dann bis 1922 die Hauptstadt des Osmanischen Reichs.

Trapezunt: Provinz im Nordosten des Osmanischen Reiches, an der Küste des Schwarzen Meeres gelegen.

Semlin: Zemun, deutsch Semlin, heute ein Stadtbezirk von Belgrad auf der Halbinsel vor der Mündung der Save in die Donau.

der gute jüngere Schlechta: verm. Karl Borromäus Freiherr Schlechta von Wschehrd (*1807).

6
Petronell: heute Petronell-Carnuntum, Ort an der Donau in Niederösterreich.

Haimburg: heute Hainburg an der Donau, Stadt in Niederösterreich an der Grenze zur Slowakei.

Presburg: auch Preßburg, das heutige Bratislava, bis 1848 ungarische Landeshauptstadt.

7
Deus providebit: lat. Gott wird es lenken.

8
Dichter Uhland: Ludwig Uhland (1787–1862), deutscher Dichter und Philologe, war als Politiker Abgeordneter der Frankfurter Nationalversammlung, des ersten gesamtdeutschen Parlaments.

10
Tieck: Ludwig Tieck (1773–1853), deutscher Dichter der Romantik.

supponierten: angenommenen, vorausgesetzten.

11
Haydns »Schöpfung«: »Die Schöpfung«, in den Jahren 1796–1798 entstandenes Oratorium von Joseph Haydn (1732–1809).

Randhartinger: Benedict Randhartinger (1802–1893), österreichischer Hofkapellmeister und Hofkomponist.

Fiume: italienischer Name der kroatischen Küstenstadt Rijeka; seit dem Wiener Kongress 1815 bis zur Revolution 1848 im Herrschaftsbereich der Habsburger.

Inseln Schütt: bei der Großen und der Kleinen Schütt(insel) handelt es sich um Flussinseln bzw. Flussinselgruppen in der Donau.

Die Festung Komorn: eine alte Festung am Zusammenfluss der Donau und der Waag im heutigen Stadtgebiet von Komorn am linken Donauufer, heute Slowakei. Sie hatte in der Vergangenheit große strategische Bedeutung und war die größte Festung im damaligen Österreich-Ungarn.

Nesmühl: Nezmély, Dorf bei Bratislava, damals bekannt für Weinbau.

12
Gran: Esztergom, deutsch Gran, ist eine Stadt im Norden von Ungarn; die Donau bildet hier die Grenze zur Slowakei.

Wissegrad, Waitzen: Visegrád ist eine Stadt im ungarischen Komitat Pest, etwa 40 km nördlich von Budapest an der Donau gelegen. Waitzen ist der deutsche Name für Vác, einer ungarischen Stadt am linken Ufer der Donau nördlich von Budapest.

Pesth und Ofen: Pest war neben Buda (deutsch Ofen) eine der zwei Städte, aus denen 1873 Ungarns Hauptstadt Budapest entstand. In einem Brief vom 30.8.1843 an Katharina Fröhlich schildert Grillparzer die Fahrt nach Pest sowie die spätabendliche Ankunft: »Gestern von dort [i.e. Preßburg] abgereist und spät Abends in Pesth angekommen, wo ich in der Königin von England wohne. Das Gasthaus ist gut, bekanntlich bei Reisen die Hauptsache. Die Farth auf der Donau ist anfangs unleidlich abgeschmackt, wird aber auf der Hälfte des Weges schön, mitunter wunderschön. Der Kapitän, ein Italiener, hat mich mit vieler Achtung behandelt, weil er mich für einen musikalischen Kompositeur hielt.«

13
Der jüngere Sztankovics: Karl von Sztankovics, Stadthaltereirat in Pest, jüngerer Bruder von Ludwig Freiherr von Sztankovics (1805–1868), Beamter der ungarischen Hofkanzlei. In einem Brief an Ludwig von Sztankovics vom 15.10.1843 schreibt Grillparzer im Rückblick: »Ihr Bruder hat sich in Pesth als ein wahrer Freund bewiesen, und ich bedaure nur, daß ich damals eben recht unwohl war, und ihn daher wahrscheinlich zu schuldiger Dankbarkeit ziemlich gelangweilt habe.«

Gentry: niederer englischer Adel, Landadel.

14
Direktor Frank: Gustav Ritter von Frank (1807–1860), von 1841 bis 1843 Direktor des Theaters in Pest.

15
»Zauberflöte«: »Die Zauberflöte«, 1791 in Wien uraufgeführte Oper von Wolfgang Amadeus Mozart (1756–1791).

Die Podhorsky: Katharina Podhorský, geb. Comet (1807–1889), Sängerin und Gesangspädagogin in Prag, zahlreiche Gastspielauftritte.

16
an der neuen Donaubrücke: gemeint ist die Kettenbrücke, die älteste der neun Budapester Straßenbrücken über die Donau. Die Vorbereitungen für den Bau begannen 1840, 1849 erfolgte, nach langen, von der Revolution unterbrochenen Bauarbeiten, die Fertigstellung und Übergabe an die Bevölkerung.

»Barbier von Sevilla«: »Il barbiere di Siviglia«, 1816 in Rom uraufgeführte Opera buffa von Gioachino Rossini (1792–1868).

17
Pantaleoni: In der »Wiener Allgemeinen Musik-Zeitung« wird ein Gast-

spielauftritt von »Sigr. Pantaleoni« im »Barbier von Sevilla« im National-
theater Pest am 2. September 1843 erwähnt.

Mamsell Eder: Luise Eder, spielte in der Aufführung des »Barbier von Sevilla« in Pest die Rosina.

Non curat Hyppoclides: lat. Hippokleides macht sich nichts daraus; frei
übersetzt: Wen kümmert's!

Földvár, Tolna, Baja: Dunaföldvár, deutsch Donaufeldburg, Tolna und
Baja sind ungarische Städte an der Donau südlich von Budapest.

18
Mohacs: Mohács, ungarische Donaustadt an der Grenze zu Kroatien.

Erdöd: Erdut, kroatische Stadt an der Donau.

Apatin: serbische Donaustadt.

Graf Seczen: womögl. Graf István Széchenyi (1791–1860), ungarischer
Staatsmann und Unternehmer.

19
Illok … Peterwardein … Karlowitz … Neusatz: heute Ilok, Petrovaradin,
Sremski Karlovci, Novi Sad, Städte an der Donau auf dem Weg nach Bel-
grad.

Michael Milosch: Mihailo Obrenović III. (1823–1868), mit Zustimmung
des Osmanischen Reiches als Hegemonialmacht von 1839 bis 1842 und
von 1860 bis 1868 Fürst von Serbien, floh nach einem Aufstand 1842.

General Ungerhofer: Maximilian von Ungerhoffer, k. k. Militärkomman-
dant in Semlin.

20
Semendria: Smederevo, serbische Stadt an der Mündung der Jezava in
die Donau.

Baron Forgatsch: Ludwig Freiherr von Forgatsch (*1795), Verfasser der
Studien »Über die zweckmäßigste Führung des Donaustromes« (1840)
und »Die schiffbare Donau von Ulm bis in das Schwarze Meer« (1849).

Trenkowa: Drencova, Dorf an der Donau (heute Teil der rumänischen Gemeinde Berzasca), bei dem die Stromschnellen der Donau begannen.

Walachen: über Jahrhunderte hatten die Türken die Vorherrschaft über
die Walachei, ein Kernland des heutigen Rumänien.

21
Alt-Orsova: Orşova, rumänische Donaustadt.

Veteranische Höhle: nach Friedrich Ambros Graf Veterani (1650–1695), kaiserlicher General der Kavallerie, der 1692 im Krieg gegen die Türken die bis dahin unter dem Namen »Piskabara« bekannte Uferhöhle erforschen, mit 300 Mann besetzen und befestigen ließ.

Mehadia: Mehadia liegt im Cerna-Tal, im Banater Gebirge, im Südwesten Rumäniens, 24 km nördlich von Orşova.

Eiserne Tor: Durchbruchstal an der Donau; bis zur Regulierung im Rahmen eines Kraftwerksbaus in den 1970er Jahren galt das Eiserne Tor als für die Flussschifffahrt gefährlichster Abschnitt der Donau.

Klado Solowa: verm. ist Skela Cládowa, eine Ortschaft unterhalb des Eisernen Tores gemeint, die in vielen Donau-Reiseberichten erwähnt wird, heute serbisch Kladovo.

»Argo«: das Schiff »Argo« befuhr in der Zeit von Grillparzers Reise den Donauabschnitt zwischen Skela Cládowa und Gallacz und wird in mehreren zeitgenössischen Berichten erwähnt.

22
Widdin: Widin, Stadt im äußersten Westen Bulgariens an der Grenze zu Rumänien am rechten Ufer der Donau.

Nürnberger Trompeten: Nürnberg war über Jahrhunderte eines der wichtigsten Zentren der Trompetenbaukunst.

23
Homerlektüre: Bereits im Vorfeld der Reise hatte Grillparzer in Homers »Ilias« gelesen, um sich auf den Besuch der Landschaft um Troja vorzubereiten.

Nikopolis … Sistow: Nikopol und Swischtow, Städte an der unteren Donau in Nordbulgarien.

24
Rustschuk: Russe, auch Rousse oder Ruse, deutsch (veraltet) Rustschuk, bulgarische Stadt an der Donau.

Silistria: Silistra, Stadt am rechten Ufer der Donau; nach Verwüstungen durch Kämpfe im Russisch-Osmanischen Krieg (1828/1829) wurde 1841 mit dem Bau einer neuen Festungsanlage begonnen.

Czernawoda: Cernavodă, Stadt in Rumänien.

25
Küstentsche: Constanţa, deutsch Konstanza oder Konstanz, auch Constantza, früher Küstendje, türkisch Kustendji, Kustendja, Köstence, Köstendsche, im Altertum Tomoi oder Tomis und in der Spätantike Cons-

tantiana, eine Hafenstadt in Rumänien am Schwarzen Meer. – Von hier informierte Grillparzer Katharina Fröhlich am 10.9.1843 erneut über die Wechselfälle seiner Reise:»Eben angekommen, das Dampfschiff nach Konstantinopel auf der Rhede vor mir und genöthigt bis zur Einschiffung noch ein paar Stunden zu warten, will ich die Zeit benützen um ein Zeichen des Lebens von mir zu geben. Meine Reise war bis auf das elende Wetter ganz glücklich. Anfangs fürchterliche Hitze, von der ich um so mehr zu leiden hatte, als ich gewöhnlich in der heißen Jahreszeit, auch in Wien, jenen gallichten Durchfällen ausgesetzt bin, die mir denn auch hier nicht erspart wurden und die mich in Pesth, von dem schlechten Wasser unterstützt, beinahe in den Stand der Unpäßlichkeit versetzten. Kaum aber wieder auf dem Dampfboote eingeschifft, beßerte sich mein Zustand zusehends und schon am zweiten Tage befand ich mich vollkommen wohl, was sich denn bis jetzt glücklicher Weise erhalten hat und für die Folge, wie ich hoffe eben so erhalten wird. Von Pesth an hatten wir fast immer schlechtes Wetter. Regen, Wind, Kälte. Die … gefährlichen, aber bei hohem Wasserstand höchst unschuldigen Donauwirbel wurden bei immerwährendem Regen zurückgelegt und erst seit zwei Tagen hat sich die Sache geändert, so daß wir jetzt, nach einer höchst interessanten Reise durch die türkischen Provinzen, am Ufer des schwarzen Meeres uns eine ganz glückliche Überfarth getrösten können. Es ist hier alles so verschieden von unsern Zuständen, daß der Zweck einer Reise wohl nirgends beßer erreicht werden kann als eben in dieser Richtung. Was alles vorgefallen, davon mündlich.«

26
zwanzig deutsche Meilen: In Deutschland galt bis ins späte 19. Jahrhundert die deutsche Meile oder Landmeile (7532,5 Meter), in der vormetrisch-metrischen Übergangszeit wurde mit einer deutschen Meile zu 7500 Metern gerechnet. Vor der Umstellung auf das metrische System (in den meisten Ländern um 1840–1870) gab es allein in Europa etwa 60 Definitionen mit Längen zwischen 1,5 und 11 Kilometern.

Kollation: Imbiss, kleine Zwischenmahlzeit.

27
Tenedoswein: Tenedos, heute Bozcaada, ist eine türkische Insel in der Ägäis. Bis in die frühe Neuzeit war Tenedos ein bedeutender Hafen am südlichen Eingang der Dardanellen. Spätestens seit dem 6. Jahrhundert v. Chr. ist auf der Insel Weinbau bezeugt.

Whist: Kartenspiel aus England, das mit dem britischen Lebensstil im 19. Jahrhundert große Verbreitung fand.

29
Schönheit: dazu Grillparzers Brief an Katharina Fröhlich vom 3.10.1843: »Die Überfarth gieng gut von Statten, obgleich ein konträrer Wind das Schiff in unangenehme Bewegung brachte, die mir, der ich noch nicht wußte was mich später erwartete, schon sehr unbequem schien. Doch lief es ohne eigentliches Übelbefinden ab und wir kamen gesund und heiler Haut in der türkischen Hauptstadt an. Die Zufarth durch den Bosporus ist wirklich das schönste was man in der Welt sehen kann. Eben so ist die Stadt selbst als Dekorazion herrlich, bei näherer Besichtigung aber verschwindet der Zauber.«

30
Bujukdere: Büjükdere, heute ein Stadtteil von Istanbul am europäischen Ufer des Bosporus.

Therapia: Tarabya, Stadtteil von Istanbul am europäischen Ufer des Bosporus.

das europäische und asiatische Schloß: gemeint sind die Festungsanlagen Rumili Hisarı und Anadolu Hisarı. Gemeinsam kontrollierten sie den Schiffsverkehr auf dem Bosporus.

Leanders Turm: der Leanderturm, türkisch auch »Mädchenturm«, ein Leuchtturm aus dem 18. Jahrhundert knapp vor Üsküdar auf einer Insel im Bosporus. Der etwa 30 Meter hohe Turm diente im Lauf der Zeit als Leuchtturm, Quarantänestation, Zollhaus und Alterssitz für Seeoffiziere.

Sankta Sophia: Hagia Sophia oder Sophienkirche, im 6. Jahrhundert erbaute byzantinische Kirche, die ab 1453 als Moschee genutzt wurde. – Dazu Grillparzer in einem Brief an Katharina Fröhlich vom 3.10.1843: »Die Moscheen, besonders die Sankta Sophia verdienen ganz ihren Ruf und letztere hat auf mich mehr Eindruck gemacht, als jedes andere kirchliche Gebäude, was freilich bei mir nicht viel sagen will.«

Galata: heute Karaköy, Stadtteil auf der europäischen Seite Istanbuls.

Skutari: Scutari, heute Üsküdar, Stadtbezirk auf der asiatischen Seite von Istanbul direkt am Bosporus.

Kaiken: als Kaik werden verschiedene Schiffstypen der Levante und des Schwarzen Meeres bezeichnet.

31
Pera: Stadtteil von Konstantinopel nördlich des Goldenen Horns im europäischen Teil der Stadt. Heute ist der Ort Teil des Stadtbezirks Beyoğlu von Istanbul.

Derwische: Derwisch, Mitglied einer religiösen islamischen Ordensgemeinschaft, zu dessen Riten Musik und rhythmische Tänze gehören.

33

Damaszener Säbel: Säbel aus Stahl mit einem typischen Wellenmuster, die nicht nur besonders biegsam und bruchfest, sondern auch schärfer waren.

Baron Boineburg: Moritz Heinrich Freiherr von Boyneburg-Lengsfeld (1788–1868), ein zuerst in französischen, später in österreichischen Diensten stehender deutscher Offizier.

Gesandten: verm. Bartholomäus Freiherr von Stürmer (1787–1863), von 1832–1850 österreichischer Gesandter in Konstantinopel.

Diem perdidi: lat. Ich habe einen Tag verloren bzw. verschwendet. Ausruf des römischen Kaisers Titus am Abend eines Tages, an dem er niemandem etwas Gutes tun konnte.

34

der junge Schwarzhuber: Theodor von Schwarzhuber (1818–1850), Sekretär-Dolmetsch bei der k. k. Internuntiatur in Konstantinopel.

Jeniköi: Stadtteil von Istanbul an der europäischen Küste des Bosporus zwischen İstinye und Tarabya.

Fürsten der Walachei: Gheorghe Bibescu, auch George Bibesco (1802–1873), entstammte einem alten walachischen Bojarengeschlecht und war von 1843 bis 1848 Herrscher des Fürstentums der Walachei.

35

Solfeggen: Solfeggien, Stimmbildungsübungen beim Gesangsunterricht.

Weidling: Gemeinde in der Nähe von Klosterneuburg bei Wien, im 19. Jahrhundert Kur- und Erholungsort. Bekannte Wiener haben sich hier niedergelassen. Auf dem Weidlinger Friedhof befinden sich etwa die Grabstätten des Dichters Nikolaus Lenau (1802–1850) und des Orientalisten Joseph Freiherr Hammer von Purgstall (1774–1856).

i setti fratelli: ital. die sieben Brüder.

Hunkiar Skelessi: Hünkâr İskelesi, Bootsanleger im Istanbuler Stadtteil Beykoz. Der Name erlangte durch den 1833 geschlossenen Vertrag von Hünkâr İskelesi zwischen Russland und dem Osmanischen Reich Bekanntheit.

36
Topchane: Tophane, Stadtviertel im Zentrum von Istanbul im Bezirk Beyoğlu (Pera) am europäischen Ufer des Bosporus. Der türkische Name bedeutet »Kanonenhof« (Zeughaus).

Beglerbey: auch Beylerbey oder Bejlerbej, im Osmanischen Reich die wichtigsten Provinz-Gouverneure.

37
Avantcoureurs: (Teile einer) Vorhut.

nach den süßen Wassern Asiens: Parkanlage und beliebtes Ausflugsziel am Bosporus.

38
Baskentrommel: Tamburin.

Herrn Craigher: Jakob Nikolaus Craigher de Jachelutta (1797–1855), österreichischer Dichter und Übersetzer, belgischer Konsul in Triest. Hielt sich zur Zeit von Grillparzers Besuch in Konstantinopel im Zuge einer ausgedehnten Orientreise, die er in seinen »Erinnerungen aus dem Orient« (1847) festhielt, ebenfalls in der Stadt auf.

39
Gräfin Hahn-Hahn: Ida Gräfin von Hahn-Hahn (1805–1880), deutsche Schriftstellerin und Klostergründerin; beschrieb ihren Aufenthalt in Konstantinopel im ersten Band ihrer »Orientalischen Briefe« (1844).

Ferman: Erlass eines islamischen Herrschers.

die Sultan Solimans: Süleymaniye-Moschee, auf dem dritten Hügel der Altstadt über dem Goldenen Horn gelegen, 1550–1557 erbaut.

40
Nur-Osmanje: Nuruosmaniye-Moschee, nahe dem östlichen Eingang zum Großen Basar, 1748–1755 erbaut.

Sultan Achmeds: Sultan-Ahmed-Moschee oder auch Blaue Moschee, 1609–1616 direkt gegenüber der Hagia Sophie erbaut.

Atmeidan: großer Platz im Bereich des antiken Hippodroms.

41
Emporkirche: Empore, auf Gewölben oder Holzsäulen ruhende Galerie über der Vorhalle oder den Seitenschiffen einer Kirche.

42
Kawatsch: Kawass, historische Bezeichnung für einen osmanischen Polizeidiener oder Botschaftswächter.

44

Dragoman: Übersetzer, Dolmetscher, sprachkundiger Reiseführer im Nahen Osten.

Prokesch' asiatische Reiseerinnerungen: Anton von Prokesch (1795–1876), österreichischer Diplomat und Reiseschriftsteller, Autor von »Erinnerungen aus Aegypten und Kleinasien«, 3 Bde. (1829–1831).

Spina: langgestreckte Trennmauer in altrömischen Rennbahnen mit Wendemarken an beiden Enden, die von den Teilnehmern des Rennens zu umrunden war.

46

Äquinoktialstürme: mit starken Gewitterregen einhergehende Stürme zur Zeit der Tagundnachtgleiche im März und September.

Troas: antiker Name einer Landschaft in Kleinasien, die Troja umgab.

Bagno: Strafanstalt.

Galeerensklaven: Konstantinopel war als Schnitt- und Endpunkt verschiedener Handelsrouten ein Zentrum des Sklavenhandels.

48

Schloß der sieben Türme: Yedikule oder Jedi Kulleler, die »Burg der sieben Türme«, ist Teil einer Befestigungsanlage bei Istanbul; diente den Osmanen als Kerker, Schatzkammer und Hinrichtungsstätte.

Seraskiers: auch Serasker, höchster Rang in der Osmanischen Armee, Kriegsminister.

Krähwinkel ... Bürgermeister Staar: August von Kotzebue, »Die deutschen Kleinstädter«, Lustspiel um den Oberältesten von Krähwinkel, Nicolaus Staar, 1802 in Wien uraufgeführt.

50

Anfall von fallender Sucht: Fallsucht, Epilepsie.

Graf Titoff: Wladimir Pawlowitsch Titow (1807–1891), russischer Diplomat und Schriftsteller; 1843 wurde er zum bevollmächtigten Botschafter in Konstantinopel ernannt.

51

General Jochmus: August Giacomo Jochmus (1808–1881), der spätere österreichische Feldmarschallleutnant und deutsche Marineminister hatte als Chef des Generalstabs den Oberbefehl über das türkische Heer.

Agraffe: Schmuckschließe.

karakolieren: von frz. caracoler, tänzeln, tummeln.

52
mumisiertes Krokodil: ausgestopft, präpariert.

53
Wickerhauser: Moritz Wickerhauser (1815–1874), Orientalist, arbeitete u.a. als Dolmetschgehilfe der k. k. Internuntiatur in Konstantinopel.

54
Den jungen Chlumezky: Peter Ritter von Chlumecky (1825–1863), später mährischer Historiker, zu dieser Zeit noch Student.

Sestos…Abydos: einander gegenüberliegende Hafenstädte an der engsten Stelle der Dardanellen am europäischen und asiatischen Ufer.

Weiß: Viktor Weiß von Starkenfels (1817–1886), Dolmetscher im diplomatischen Dienst.

55
Doktor Xantopulos: Marius Xantopulo, österreichischer Vizekonsul in den Dardanellen.

56
Tschiblak: Dorf in der Ebene von Troas, in dem später am Beginn seiner Ausgrabungen Heinrich Schliemann (1822–1890) Quartier nahm.

Simois: griech. Simóeis, Fluss in der Ebene von Troas, der im Ida-Gebirge entspringt; sein heutiger türkischer Name lautet Dümrek Çayı.

Ilium recens…Bunarbaschi: Auf einem Hügel in der Nähe des Dorfes Bunarbaschi verortete der französische Reisende und Archäologe Jean Baptiste Le Chevalier (1752–1836) das homerische Troja (Bunarbaschi- bzw. Ballı-Dağ-These). Die auf dem Hisarlık Tepe (»Palasthügel«) gelegenen Ruinen, die Heinrich Schliemann im Jahr 1873 als Ort des historischen Troja identifizierte, bezeichnete er als »Ilium recens«.

Skamander: auch Skamandros, antiker Fluss, der im Ida-Gebirge entspringt und in die Dardanellen mündet; sein heutiger türkischer Name lautet Karamenderes Çayı.

57
Kallikolone: Anhöhen im Osten des antiken Troja, die u.a. im 20. Gesang der »Ilias« erwähnt werden.

58
Kap Sigeum: Sigeion, auch Sigeum, Vorgebirge im Westen Troas und Name der Stadt am Eingang der Dardanellen.

Alexandria Troas: antike Stadt an der Ägäisküste, ca. 30 km südlich von Troja.

Itgelmes: Dorf auf der asiatischen Seite der Dardanellenstraße; 1841 brach in Itgelmes eine Pestepidemie aus.

Tenedos: Insel vor der Küste von Troas, heute Bozcaada.

59
Araba: vierrädriger Wagen mit Schutzverdeck, besonders für Frauen im arabischen Raum.

Kum Kale: Festung am Eingang der Dardanellen.

Smyrna: das heutige Izmir, Stadt an der türkischen Ägäisküste.

60
Internuntius: Gesandter.

Sirokko: Scirocco, heißer, aus südlicher Richtung wehender, oft mit Sand beladener Wüstenwind im Mittelmeerraum.

Berg Ida: Das Ida-Gebirge im Nordwesten der Türkei ist Schauplatz wichtiger Ereignisse der griechischen Mythologie.

61
expektorieren: übergeben, sich erbrechen. – Dazu Grillparzers Brief an Katharina Fröhlich vom 3.10.1843: »Von nun an verließ uns der gerade unserer Farth entgegen wehende Sirokko-Wind, Sturm beßer zu sagen nicht mehr. Bei Mitylene, dem Geburtsorte der Dichterin Sappho habe ich meinen Willkomm ins Meer gespieen, und die Nacht darauf in der Kajüte denselben Gruß wiederhohlt. So kamen wir in Smyrna an.«

63
Syra: Syros, zentral gelegene Insel der Kykladen.

64
die gelbe Pestflagge: Quarantäneflagge; Gelb steht im Flaggenalphabet für den Buchstaben Q und signalisiert: Vorsicht, Ansteckungsgefahr!

konstitutionelle Griechen: Griechen, die für die Verfassung eintraten, die in Folge des Aufstands vom September 1843 in Kraft trat.

65
Pio Terenzio: Pio Terenzio (†1878), Konsularagent bzw. Konsulatskanzler in Syra, später Generalagent des österreichisch-ungarischen Lloyd in Konstantinopel. – Grillparzer wurde bereits im Vorfeld, in einem Brief vom 13.9.1843, von seinem in Athen lebenden Vetter Hippolyt von Sonn-

leithner (1814–1897) über die Quarantäne-Bestimmungen in Syra informiert; Sonnleithner empfahl ihm Pio Terenzio als Kontaktperson vor Ort: »Nach meiner Rechnung kämest du Ende September oder Anfang Oktober nach Sira um dort die Quarantaine zu machen.... Für den Fall, daß du in Sira in der unangenehmen Quarantaine etwas wünschen solltest wozu du einer Person in der Stadt Sira bedarfst, schrieb ich an unsern Konusularagenten Pio Terenzio an den du dich mit jedem Begehren wenden kannst. Er kann dir wenigstens die möglichen Erleichterungen in der Quarantaine verschaffen, deine Briefe besorgen etc. Ein bescheidener und gefälliger Mensch, gegen welchen du keine Rücksicht in irgend einer Art zu haben brauchst, und welchen du falls er dir nicht angehm seyn sollte auch unbenützt lassen kannst.«

spoglio: ital. Reinigung. – In seinem Brief an Katharina Fröhlich aus Syra vom 3.10.1843 hat Grillparzer das Verfahren ebenfalls erwähnt: »Wir haben bereits den sogenannten *spoglio*, mit lächerlichen Ceremonien, die an die des *papataci* in der Italienerin in Algier erinnern gemacht, hoffen von heut in sieben Tagen frei zu seyn.« Grillparzer spielt hier auf eine Figur aus der Oper »Die Italienerin von Algier« von Gioachino Rossini an.

66
motu proprio: lat. aus eigenem Antrieb.

Fürsten Mavrokordato: Alexandros Mavrokordatos (1791–1865), griechischer Politiker, mehrmaliger Ministerpräsident, war nach den Aufständen vom 3. September 1843 Minister ohne Portefeuille.

67
Insel Tino: Tinos, Kykladeninsel nordöstlich von Syros.

Mikone: Mykonos, Insel östlich von Syros.

68
Chalybäus' Geschichte der neuen Philosophie: Heinrich Moritz Chalybäus (1796–1862), »Historische Entwicklung der spekulativen Philosophie von Kant bis Hegel« (1837).

Herbarts Monaden: Johann Friedrich Herbart (1776–1841), deutscher Philosoph, Psychologe und Pädagoge, beschäftigte sich in seinen Studien u.a. mit der Monadologie von Gottfried Wilhelm Leibniz.

Schellings System: Friedrich Wilhelm Joseph Schelling (1775–1854), »System des transzendentalen Idealismus« (1800).

mephitischen Dünsten: stinkend, verpestend.

69
König Otto: Otto Friedrich Ludwig von Wittelsbach (1815–1867), bayrischer Prinz, als Otto I. von 1832 bis 1862 erster König von Griechenland.

Imbécile: frz. Schwachsinniger.

Ober-Guardiano: Vorsteher eines Franziskaner- oder Kapuzinerklosters.

70
Hermopolis: heute Ermoupoli, Hafenstadt auf der Insel Syros.

Athen … Revolution: die Ereignisse des 3. September 1843, die König Otto I. zur Einführung einer Verfassung zwangen.

camera obscura: lat. dunkler Raum; hier auch als Anspielung auf das gleichnamige optische Prinzip.

73
Aridität: Trockenheit (klimatisch).

74
Kolokotronis: Ioannis (Gennaios) Kolokotronis (1803–1868), griechischer Politiker, Adjutant von König Otto I.

75
Oberstleutnant Fabricius: Christoph von Fabricius (†1880), kämpfte als Philhellene in Griechenland.

76
Kap Sunium: Kap Sounion an der Südspitze der Halbinsel Attika.

Ägina: griechische Insel im Saronischen Golf, im Westen der Ägäis.

Salamis: griechische Insel im Saronischen Golf, berühmt durch die Seeschlacht von Salamis (480 v. Chr.) im Rahmen der Perserkriege.

77
Gesandten … Prokesch: Der bereits zuvor erwähnte Anton von Prokesch (1795–1876) war von 1834 bis 1849 Gesandter in Athen. Im Zuge des Aufenthalts in Athen wohnte Grillparzer in seinem Haus. Dazu Grillparzers Brief an Katharina Fröhlich vom 28.10.1843: »Ich habe bei Prokesch gewohnt was nicht zu vermeiden war, da mein Reisegefährte, ein Jugendfreund von Prokesch, die Einladung angenommen hatte. Sie waren sehr freundlich, ich fürchte fast freundlicher als ich, wenigstens herzlicher; oder auch nicht. Es schien wenigstens so.«

Jupitertempel: das Olympieion, auch Tempel des Olympischen Zeus genannt, in Athen, unweit der Akropolis gelegen.

Quellen des Ilyssos: In Platons Dialog »Phaidros« unterhält sich Sokrates am Ilisos, auch Ilissos, einem kleinen Flüsschen nahe Athen, mit seinem jungen Freund Phaidros.

78
Wir werden uns auf Athen beschränken müssen: Aufgrund der Unruhen in Griechenland im Nachhall der September-Revolution waren Grillparzers Möglichkeiten einer touristischen Besichtigung des Landes stark eingeschränkt, wie auch sein Brief an Ludwig von Sztankovics vom 15.10.1843 verdeutlicht: »So bin ich denn endlich *post varios casus* in dieser geistigen Hauptstadt der Welt angekommen. Aber leider nur in der Hauptstadt, das Land ist durch die inzwischen ausgebrochenen Unruhen dem Reisenden verschlossen, zumal wenn er ein Deutscher ist, da es unter den Deutschen nebst andern Tröpfen auch Baiern gibt, auf die man hier förmlich Jagd macht und mit denen verwechselt zu werden einem sonstigen Deutschen nur gar zu leicht begegnen kann. Kurz, man läßt uns nicht außer die Stadt hinaus, und so viel es hier auch zu sehen und nebenbei zu denken und zu fühlen gibt, so war doch ein Hauptzweck meiner Reise die geschichtlich und mythisch merkwürdigen Orte Griechenlands sämtlich zu besuchen, und ich sehe mich daher um diesen Hauptzweck meiner Reise gebracht. Sey es darum!«

Parnaß…Delphi: der Parnass ist ein 2455 Meter hoher Gebirgsstock in Mittelgriechenland, in der griechischen Mythologie der Sitz der Musen; am Fuße des Massivs lag das antike Delphi, das vor allem durch sein Orakel Berühmtheit erlangte. – Dazu Grillparzers Brief aus Athen an Ludwig von Sztankovics vom 15.10.1843: »Hier ist mir wahrlich übel zu Muthe. Nicht einmal den Parnaß besteigen zu können! Ich werde nie mehr hierher zurückkommen und muß daher vom Musenberge eben Abschied nehmen.«

Am 28. Oktober 1843 kam Franz Grillparzer schließlich, »nach einer beschwerlichen Seereise von 6 Tagen«, in Triest an und kehrte, nach einem Zwischenhalt in Graz, am 7. November zurück nach Wien.

Anmerkungen zusammengestellt von
Günther Eisenhuber und Harald Gschwandtner

FRANZ GRILLPARZER
1791 in Wien geboren, 1872 in Wien gestorben, Klassiker.